내 삶을 내 것으로 만드는 것들

孔門十弟子

공자와 그의 열 제자에게 배우는 10가지 변화 수업

내 삶을 내 것으로
만드는 것들

孔門十弟子

푸페이룽 지음 | 정세경 옮김

추수밭

"배우나 생각하지 않으면 공허하고
생각하나 배우지 않으면 위험하다."

_공자

공자의 열 제자에게 배우는
내 삶을 내 것으로 만드는 법

  흔히 공자孔子라고 하면 여러 나라를 주유한 그와 그 뒤를 따른 수많
은 제자의 모습이 떠오른다. 우리가 읽는《논어論語》속 공자의 한 마디
한 마디도 제자들이 기록한 내용이다. 그중 많은 자료가 몇몇 제자와
공자의 문답 형식으로 구성되어 있다. 배움을 게을리하지 않고 끊임없
이 질문한 제자들 덕분에 오늘날 우리도 공자의 사상을 알 수 있다.

  공자의 핵심 학설 '일이관지一以貫之'는 중심 사상 하나로 유가儒家의
전체 체계를 세우는 것을 말한다. 이런 스승의 지혜에 가장 뛰어난 제
자 안회조차 "우러러볼수록 높아지고, 뚫으려 할수록 단단해지는구
나"라고 감탄했을 정도니 2500여 년 뒤 현대인이야 어떻겠는가.

  공자는 긴 세월 동안 수많은 제자를 가르쳤으면서도 "내 마음을 알
아주는 사람이 아무도 없다"고 한탄했다. 하물며 우리처럼 평범한 후

대 사람들이 공자의 깊은 뜻을 이해하기란 쉬운 일이 아니다. 공자를 배우려면 평생을 두고 천천히 심혈을 기울여야 좋은 성과를 거둘 수 있다.

그런 의미에서 공자를 배우는 가장 효과적인 방법은 그 제자들에게 가르침을 청하는 것이다. 공자가 많은 제자를 가르친 만큼 그들은 각각 성격도 다를뿐더러 자질이 뛰어나거나 부족한 이도 있고, 깨달음이 깊거나 얕은 이도 있으며, 포부가 크거나 작은 이도 있고, 실천에 성공하거나 실패한 이도 있다. 우리는 그들이 주는 폭넓은 배움의 스펙트럼에서 자신과 닮은 부분을 찾아 공자에게 가르침을 구할 수 있다.

이를테면 인생의 각 단계에서 서로 다른 제자를 통해 다양한 깨달음을 얻을 수 있다. 어릴 때는 자로의 호기와 솔직함이 좋고, 공부할 때는 영리한 자하와 자유가 부러우며, 사람들과 사귈 때는 재아와 자공의 뛰어난 말솜씨가 부럽다. 취직해서는 염옹과 염유의 정치 경력을 참고할 수 있다. 그다음에는 끊임없이 앞서 나가고자 한 증삼과 과감하게 질문할 줄 아는 자장을 본받으면 된다. 공자가 가장 아낀 제자 안회는 평생의 모범으로 삼을 수 있다.

스승으로서 공자는 제자를 가려서 거두지 않았으며, 각자 재능에 맞춘 가르침을 전했다. 그런 만큼 그에게 배우고자 하는 우리처럼 평범한 사람들의 바람도 저버릴 리 없다. 그렇다면 우리도 공자의 열 제자가 공부한 방법을 본받아 몸과 마음을 수련해야 하지 않을까?

중국 전국시대 중기를 산 맹자孟子의 소망은 공자를 직접 만나 가르침을 받는 것이었으나, 훨씬 늦게 태어나서 그를 만날 수 없었다. 대신 맹자는 공자를 마음속 스승으로 삼고 배움에 정진했다. 그 결과 맹자는 선인과 후대를 잇는 다리로서 성현들의 가르침을 계승하고 발전시켜 후세 사람들에게 아성亞聖*이라고 추앙받았다. 그런 맹자도 자신의 책에서 공자가 아낀 제자들의 언행을 여러 차례 언급했다. 다시 말해 맹자도 이 제자들을 통해 공자의 핵심 사상을 어느 정도 깨달았다고 할 수 있다.

몇 년 전 산둥위성TV의 요청으로 〈신행단新杏壇〉이란 프로그램에서 '공자의 열 제자에게 배우는 지혜'를 주제로 앞서 말한 공자의 열 제자를 소개했다. 이 책에서는 그 내용을 바탕으로 안회의 즐거움, 자로의 솔직함, 자하의 가르침, 증삼의 부지런함, 염유의 바른 관리 노릇, 염옹의 덕행, 자공의 언변, 자유의 도량, 재아의 변론, 자장의 뜻 세우기에 관해 이야기하고자 한다.

그렇다면 우리가 공자의 열 제자를 알고 그들을 내 삶의 지표로 삼아야 하는 이유는 무엇일까? 삶이란 표지판이 없는 낯선 길을 걷는 것과 같다. 살다 보면 예상치 못한 고통과 좌절이 찾아올 때도 있고 타인의 시선과 시류에 흔들려 방향을 결정하지 못하고 넘어질 때도 있다. 이럴 때 나보다 앞서 살았던 누군가가 자신이 겪은 경험을 토대로 여러 가지 조언을 들려준다면, 더군다나 그 조언자가 2500년이 넘는 세

---

* 성인聖人이라 불린 공자에 버금가는 성인이라는 뜻.

월 동안 많은 이들의 삶을 변화시킨 위대한 스승과 그의 제자들이라면 큰 도움이 되지 않을까.

제자들이 겪은 다양한 고민을 살펴보면 오늘날 우리가 겪고 있는 고민과 별반 다르지 않음을 알게 된다. 그러나 그들은 현실에 타협하기보다 원하는 인생을 살기 위해 부단히 노력했다. 우리도 그들처럼 내 삶을 내 것으로 만드는 방법을 포기하지 않고 열심히 배운다면 비록 그 걸음은 느릴지라도 끝까지 걸어갈 힘을 얻게 될 것이다. 진정한 즐거움은 자기 삶을 누리는 데 있기 때문이다.

나는 최근 몇 년 동안 유가 사상을 널리 알리는 일에 힘쓰며 '공자를 스승으로, 공자를 벗으로'라는 구호를 외쳤다. 그런 의미에서 공자의 제자를 소재로 공자를 깊이 배우려고 시도한 이 책이 부디 《논어》와 공자를 온전히 이해하는 데 도움이 되기 바란다.

※**일러두기_** 본문 하단의 각주는 옮긴이가 독자의 이해를 돕기 위해 정리한 것입니다.

"누구 때문이 아닌 나 스스로 할 때 느끼는 즐거움"

안회의 즐거움

1장

안회
顔回

공자가 말했다.
"현명하구나, 회야!
대나무 그릇 밥에 표주박 물을 마시며 누추한 거리에 살면
그 근심을 보통 사람들은 견디지 못하거늘
회 너는 그 즐거움을 바꾸려 하지 않는구나.
현명하도다, 회야!"
子曰 : 賢哉, 回也一簞食, 一瓢飮, 在陋巷, 人不堪其憂, 回也不改其樂. 賢哉, 回也

-《논어》〈옹야편雍也篇〉

안연顔淵이라고도 부르는 안회는 노애공魯哀公* 14년, 공자 나이 71세에 죽었다. 그는 공자보다 30년 연하였기에 세상을 떠날 때 고작 41세였다. 그는 공자의 제자 가운데 나이는 많은 편도 적은 편도 아니었지만 덕행은 첫손가락에 꼽았을 뿐만 아니라, 유일하게 '배우기를 즐거워했다'는 말로 언급된 제자다. 하지만 안회라고 하면 많은 사람이 가난부터 떠올린다.

네덜란드에서 학생들을 가르친 10여 년 전, 현지 화교들의 요청으로 강연을 했다. 그때 안회에 대해 이야기하니 한 사람이 손을 번쩍 들고 항의했다. 당시 네덜란드 화교는 대부분 요식업에 종사했는데, 굳이 안회처럼 가난한 사람 이야기를 하는 건 자기들도 가난해지라는 뜻이 아니냐며 불쾌해했다. 나는 그들에게 말했다. "안회는 가난한 사람이 아니라 즐거운 사람입니다."

누구나 즐겁게 살고 싶어 하지만 즐거움에는 다양한 단계가 있다. 어떤 사람에게는 배부른 것이 즐거움이고, 어떤 사람에게는 부모에게 효도하고 친구들과 사이좋게 지내는 것이 즐거움이며, 어떤 사람에게는 다른 사람을 위해 봉사하는 것이 즐거움이다. 예나 지금이나 세계 어느 곳에서든 즐거움에 대한 이해는 각양각색이다. 그렇다면 즐거움

---

* ?~B.C. 467. 노나라의 27대 군주.

을 어떻게 이해해야 모든 사람이 즐거울 수 있을까? 그 예로 안회에 대해 이야기해보자.

한순간도 배움을 게을리하지 않는다

공자가 처음부터 안회를 주목한 것은 아니다. 《논어》〈위정편爲政篇〉에 보면 공자가 "내가 하루 종일 회와 이야기해보니 아무런 질문이 없어 참으로 어리석은 사람이구나 생각했다. 그러나 자리를 떠난 뒤 그의 평소 말과 행동을 지켜보니 마음에 깨달은 바가 적지 않았다. 회는 결코 어리석지 않구나"라고 말한 구절이 있다.

공자는 안회와 하루 종일 이야기했는데 그가 반대 의견을 내놓지 않아 한발 더 나간 토론을 할 수 없었다. 학생이 질문하지 않으면 선생은 어떻게 가르쳐야 할지 알 수 없다. 하지만 공자가 수업 뒤 찬찬히 보니 안회는 모든 사물의 이치에 정통한 데다, 아는 바를 그대로 실천에 옮기는 인물이었다.

안회는 왜 공자의 말에 다른 의견을 내놓지 않았을까? 누구보다 영리한 안회는 공자의 말 한 마디 한 마디가 그 스스로 확신한 뒤에야 나온 것임을 잘 알았다. 실제로 공자가 '사십이면 불혹이라', 인생의 어떤 문제에도 거꾸러지지 않는다고 하지 않았나. 안회는 제자로서 스승의 말에 토를 달지 않은 것이다. 공자는 이런 안회를 두고 자신에게 아무런 도움이 되지 않는다며 투정을 부렸다. 자신이 무슨 말을 해도 안회가 기쁘게 받아들였기 때문이다.

하지만 안회는 한순간도 배움을 게을리하지 않았다. 덕분에 공자는 안회가 뒤처지지 않고 꾸준히 발전하는 모습을 보았다. 젊은이에게 가장 중요한 일은 매일 발전하며 성장하는 것이다. '후생가외後生可畏'란 말처럼 젊은이가 매일 발전하면 그의 성장이 선배를 앞설지 어찌 알겠는가. 제자에 대한 공자의 기대는 안회를 통해 충분히 검증됐다.

배우기를 매우 즐겼다는 안회는 실제로 얼마나 영리한 인물이었을까? 뛰어난 언변으로 유명한 자공과 공자의 대화에서 그 답을 찾을 수 있다. 하루는 공자가 자공에게 물었다. "자네와 안회 가운데 누가 더 뛰어난가?" 이 질문에는 한 가지 함정이 있다. 자공이 "제가 안회보다 똑똑합니다" 혹은 "안회가 저보다 영리하지는 않지요"라고 말할 수 없다는 것이다. 영리한 자공은 "제가 어떻게 안회와 비교될 수 있겠습니까?"라고 겸손히 대답하고, "안회는 하나를 들으면 열을 알고, 저는 하나를 들으면 둘을 알 뿐입니다"라고 덧붙였다. 이를 통해 알 수 있듯 안회는 한 마디만 들어도 모든 도리를 깨칠 줄 아는 보기 드문 인재였다.

공자가 말년에 겪은 일을 또 다른 예로 들어보자. 노魯나라로 돌아온 공자는 아들을 떠나보내고 얼마 지나지 않아 안회마저 앞서 보내고 말았다. 그러던 어느 날, 노애공이 배우기를 즐기는 제자가 몇이나 되느냐고 물었다. 이에 공자는 "제자가 삼천 있지만 육예六藝*에 통달

---

* 중국 주대周代에 여섯 가지 교육 과목. 예禮, 악樂, 사射, 어御, 서書, 수數.

한 제자는 일흔둘이며, 배우기를 즐기는 제자는 안회뿐입니다"라고 대답했다.

공자는 안회가 얼마나 배우기를 즐겼는지 '불천노 불이과不遷怒 不貳過' 여섯 글자로 설명했다. 자기 화를 남에게 옮기지 않고, 한번 저지른 잘못은 다시 저지르지 않는다는 뜻이다. 대체 배우기를 즐긴 안회는 어떻게 했다는 말일까? 이를테면 그는 이 사람 때문에 난 화를 저 사람에게 풀지 않는데, 이것이 '불천노'다. 평소 우리는 화가 난 상태에서 애꿎은 사람에게 화풀이하는데, 이것을 '천노'라 한다.

선생 노릇을 하는 나 역시 이런 경험을 한 적이 있다. 아침에 학교 가는 길에 시비가 붙었다. 기분이 상한 채 강의실에 들어서니 나도 모르게 학생들에게 소리 지르며 화를 풀었다. 황당한 학생들이 가만있을 리 없었다. "교수님, 무슨 일입니까? 잘못한 것도 없는 저희에게 어째서 화를 내십니까?" 말하기 민망하지만 학생들을 가르친 지 30년이 돼서야 '불천노'를 실천할 수 있었다.

한번 저지른 잘못을 다시 저지르지 않기는 더 어렵다. 우리는 잘못을 저지르고 이내 후회하지만 그것도 잠시, 똑같은 잘못을 반복하며 줄곧 후회한다. 본래 사람의 잘못은 성격에서 비롯되는데, 이 성격이 바뀌지 않으면 같은 잘못을 다시 저지를 수밖에 없다. 이런 잘못의 반복 속에 인생은 끊임없이 낭비된다. 그러므로 안회처럼 '불천노 불이과'를 실천하려면 반드시 꾸준한 배움으로 수양해야 한다. 안회는 배우기를 즐겨서 인생을 올바른 방향으로 바꾼 사람이다.

내면의 힘을 따라 살아간다

즐겁게 살려면 모든 일을 다른 사람 때문이 아니라 자기 스스로 해야 한다. 우리 생활은 어릴 때부터 온통 다른 사람 때문이었다. 부모님이 시키니까 공부하고, 선생님이 시키니까 착한 일을 하며, 사장이 시키니까 일하고……. 이는 자유가 지나친 나머지 곁에 부모나 다른 어른이 없으면 하지 않겠다는 뜻일 수도 있다. 안타깝게도 이는 모든 세대의 공통적인 문제다.

미국에서 '당신은 투명인간이 된다면 무엇을 하겠는가?'라는 설문 조사를 한 적이 있다. 다른 이에게 보이지 않는다면 그야말로 자유를 마음껏 누릴 수 있는 상황이다. 그런데 설문 조사에 응한 사람 중 무려 80%가 은행을 털겠다는 솔직한 답변을 내놓았다. 이 결과만 놓고 보면 평소 사람들이 도둑질하지 못하는 것은 보안 시스템 같은 외부의 압력 때문이다. 이처럼 사람들은 피동적으로, 다른 사람이 보고 있어야 규칙을 지킨다. 타인 때문에 낭비되는 인생이라니 얼마나 안타까운 일인가.

안회는 공자가 특히 아낀 제자다. 《논어》에 보면 안회가 공자에게 '인仁'이 무엇이냐고 가르침을 청하는 장면이 등장하는데, 이는 동양철학사에서 중요한 대화다. 위대한 철학자이자 교육가와 그의 가장 뛰어난 제자가 아닌가. 안회가 공자의 핵심 사상 '인'이란 무엇이냐고 물었을 때 공자가 내놓은 대답은 세상을 깜짝 놀라게 할 만했으며, 누가 들어도 고개를 끄덕일 만큼 이치에 어긋남이 없었다.

《논어》〈안연편顏淵篇〉에 보면 안회가 '인'에 대해 묻자 공자가 대답한다. "능히 자기 스스로 예의 규범을 실천하는 것이 인이다. 하루라도 능히 자기 스스로 예의 규범을 실천하면 천하가 인으로 돌아간다. 인을 행하는 것이 자기에게 달렸지 남에게 달렸겠느냐〔克己復禮爲仁. 一日克己復禮, 天下歸仁焉. 爲仁由己, 而由人乎哉〕."

오늘날까지 2000여 년 동안 '극기복례克己復禮'는 대부분 '극기'와 '복례'로 나눠 해석해왔다. 그중에서 '극기'란 자기 욕망을 단속하는 것을 말한다. 이를 통해 부모에게 효도한다거나, 자신을 단속한다거나, 매일 부모님께 문안을 드리겠다는 식으로 다짐하는 것이다. 그러나 이런 해석은 잘못된 것으로 선인을 맹목적으로 따라선 안 되며, 공자와 안회의 상황을 살펴 그 의미를 이해해야 한다.

공자와 마찬가지로 노魯나라 사람인 안회는 공자보다 30년 연하였으며, 아버지 안로顏路도 제자로 공자보다 6년 연하였다. 안회는 가장 욕망이 없는 제자로, '극기'를 단순히 자기 욕망을 극복하는 것이라고 해석하면 그에게 매우 불공평한 처사다. 《논어》〈옹야편〉에 공자가 "현명하구나, 회야! 대나무 그릇 밥에 표주박 물을 마시며 누추한 거리에 살면 보통 사람들은 그 근심을 견디지 못하거늘 회 너는 그 즐거움을 바꾸려 하지 않는구나. 현명하도다, 회야!"라고 말한 구절이 나온다.

안회는 이처럼 욕망이 없는 인물이다. 《장자莊子》〈인간세人間世〉에 안회가 위衛나라에 가서 정사를 돕겠다고 하자, 공자가 수행이 부족하다며 안회를 만류하는 장면이 나온다. 안회가 "저는 최선을 다했습니다.

아직 어딘가 부족하단 말씀이십니까?"라고 반문하자, 공자는 "재齊*를 지켜라"라고 충고한다. 이에 안회가 "고기와 술을 먹고 마시지 못한 지 석 달이 됐는데 어떻게 더 '재'를 지키란 말씀입니까?"라고 묻는다. 그러자 공자는 "내가 지키라는 것은 심재心齋**다"라고 말한다.

　이 일화를 통해서 알 수 있듯이 안회는 별다른 욕망이 없었다. 따라서 '극克'은 결코 '극복'이나 '단속' 같은 의미로 해석할 수 없다. 고대에 '극'이란 글자에는 '능히 ~할 수 있다'는 의미가 있었다. 이를테면 《대학大學》〈강고康誥〉에 이르기를 '극명덕克明德'이라 했는데 이는 '능히 덕을 밝힐 수 있다'는 뜻이며, 〈제전帝典〉에 이르기를 '극명준덕克明峻德'이라 했는데 이는 '능히 큰 덕을 밝힐 수 있다'는 뜻이다.

　'극'을 위와 같이 해석하면 '극기복례'는 '능히 자기 스스로 예의 규범을 실천하다'라는 의미다. '인'이란 본래 '인생의 바른길(正路)'로 해석할 수 있는데, 그렇다면 인생의 바른길은 어디에 있을까? 공자가 대답했듯이 능히 자기 스스로 예의 규범을 실천하는 것이야말로 인생의 바른길이다. 당신이 언제 어디서나 이를 실천할 때 사람들은 인생의 바른길을 간다고 말해줄 것이다.

　인생의 바른길을 가려면 자신에게 의지해야 한다. 앞서 공자가 인에 대해 논하면서 마지막에 "인을 행하는 것이 자기에게 달렸지 남에게 달렸겠느냐?"라고 말한 것도 같은 맥락이다. 이처럼 공자가 자기 사

---

* 재계齋戒의 준말. 제사를 앞두고 몸과 마음을 깨끗이 하는 것.
** 마음을 깨끗이 가다듬는 것.

상의 핵심 개념인 '인'에 대해 가장 아끼는 제자 안회에게 들려줬다면, 그 답은 분명 우리에게도 평생의 가르침과 처세법으로 가장 중요한 깨달음이 될 것이다. 다시 정리하면 '극기복례'는 '다른 사람 때문이 아니라 자기 스스로 하도록 바꿔라'라는 뜻이다.

사람이 즐거우려면 이런 정신에서 시작해야 한다. 이를테면 "나는 오늘 수업을 들어야 한다"고 말할 때 '~해야 한다'라고 표현하는 것은 다른 사람 때문이다. 반면 "나는 오늘 수업을 듣고 싶다"고 말할 때 '~하고 싶다'는 나 스스로 하려는 것이다. 내가 학생들을 가르친 지 30년이 됐지만, 따로 휴가를 청하거나 수업을 빼먹지 않는 이유 역시 공자의 말씀을 배웠기 때문이다. 나는 '~해야 한다'는 태도를 '~하고 싶다'는 의지로 바꿨다. '~해야 한다'를 '~하고 싶다'로 바꾼 뒤 삶에 활기가 넘쳐 피곤한 줄 모르겠고 모든 일이 즐겁다. 자기 스스로 하는 삶을 실천할 수 있다면 유가 사상 전체를 깨달은 것과 같다. 유가 사상의 관건은 내면의 진실에 있기 때문이다.

사람은 모든 동물 가운데 진실하지 않은 유일한 존재로, 위장이 가능하며 다양한 역할을 연기할 수 있다. 하지만 당신이 진실하다면 다른 사람과의 관계에서 상대를 먼저 생각하는 모습을 발견할 수 있을 것이다. 예를 들어 버스를 탔는데 할머니 한 분이 올라오셨다면 자리를 양보해야 할까? 당신이 진실하지 않다면 '내가 양보할 필요는 없잖아. 하필 내가 양보해야 할 이유가 뭐야? 나보다 건강하고 어린 사람이 양보하면 되지'라고 생각할 수 있다. 이는 매우 계산적인 행동으로 진실성이 결여되었다. 반면 당신이 진실하다면 할머니를 보자마자 '우리 할머니랑 비슷한 연배이신 것 같은데 내가 양보해야지' 생각하며 자리에서 일어설 것이다.

이처럼 다른 상황을 신경 쓰지 않고 자리를 양보한 행동은 자기 내면의 힘에 따라 꼭 해야 할 일을 한 것으로, 진실이 일으킨 내적 힘의 변화다. 내면에서 힘이 나와 자기가 할 일을 하는 것처럼 즐거움도 안에서 나온다. 인생의 즐거움 역시 안에서 나오는 즐거움에 있다.

인생이 즐거우면 가난은 중요한 문제가 아니다. 가난은 삶의 특정한 상황에 불과하기 때문이다. 이를테면 가난해졌을 때 자신에게 '이대로 살 수 있을까?' 물어보라. 아무 거리낌 없이 그대로 살 수 있다면 삶의 즐거움은 절로 찾아온다. 그러니 공자가 안회의 삶을 보고 감탄을 금치 못하며 "현명하구나, 회야!"라고 두 번이나 말한 것도 당연한 일이다.

대나무 그릇 밥에 표주박 물을 마시며 누추한 거리에 살아야 한다면 상상하는 것으로도 골치가 아플 것이다. 남은 인생은 어찌 살아야 한단 말인가? 밖에는 주룩주룩 비가 내리고, 집 안에는 부슬부슬 비가 새니 앞날이 캄캄할 수밖에 없다. 공자는 안회가 현명하다고 말했지만, 안회의 개념에 문제가 있는 것은 아닐까? 공자의 잘못된 가르침에 바보가 되거나 스스로 살 궁리조차 못 하는 게 아닌가 말이다.

안회는 마음속에 즐거움의 근원이 있기에 가난한 삶을 기꺼이 실천할 수 있었다. 모든 사람이 안회처럼 실천할 수 있지만, 그에 앞서 즐거움의 이치부터 깨달아야 한다.

무사무욕을 추구하는 삶

사람이 평생을 두고 추구할 것은 무엇일까? 나는 반드시 할 것과 필요한 것, 중요한 것으로 나눌 수 있다고 생각한다. 이중 '반드시 할 것'은 없으면 안 되나 그 자체로 충분하지 않은 것을 말한다. 이를테면 우리 삶에서 생계는 반드시 필요하지만 밥 먹는 문제가 해결된다고 충분하지는 않다.

그렇다면 인생에서 '필요한 것'은 무엇일까? 이는 발전 가능성이 있는 잠재력으로 지知, 정情, 의意를 아우르는 정신의 잠재력을 가리킨다. 여기서 '지'는 지식을 탐구하는 것을 의미한다. 고대에는 책(竹簡)이 많지 않아 다섯 권만 읽으면 모든 공부를 할 수 있었다.《시詩》《서書》《예禮》《악樂》《역易》이 그 책이다.《시》는 문학을,《서》는 역사를,《예》는 사회규범을,《악》은 예술적 수양을,《역》은 철학을 담고 있다. 당시에는 이 다섯 권을 통달하면 모든 공부를 한 것이나 마찬가지였다. 따라서 '지'를 충족하면 풍성하고 즐겁게 살 수 있었다. 책 읽기를 좋아한 안회는 이 책을 익힌 뒤 꾸준히 지식이 성장했고 배움이 발전했다.

'정'은 감정을 가리키며, 감정을 잘 조절하고 싶다면 '감성지수'를 높여야 한다. 예를 들어 가난해도 즐겁게 살 수 있는 방법은 감정을 잘 조절하는 것뿐이다. 감정을 조절하는 데는 음악을 감상하거나 여유로운 생활을 통해 대자연을 접하는 등 다양한 방법이 있다. 당신은 여유로운 생활을 누리는 가운데 다른 사람과 나 사이에 미묘하면서도 아름다운 상호작용이 존재함을 깨달으며 삶의 품격을 높일 수 있다. 사람은 일반적으로 감정에 이기적이기 때문에, 사람과 사람의 상호작용이 자신에게 유리하길 바란다. 하지만 당신이 감성지수를 큰 폭으로 높이면 자신에게 유리하기 위해선 남에게도 유리해야 한다는 사실을 깨달을 것이다.

모든 이에게 유리한 것만큼 좋은 결과가 어디 있겠는가. 이는 《역경易經》에 나오는 손괘損卦*와 마찬가지로, 사람들은 손損이라고 하면 흔히 손실을 떠올린다. 하지만 《역경》의 64괘 가운데 '운이 매우 좋다'는 상상대길上上大吉의 괘사卦辭**를 갖춘 괘는 둘뿐으로, 그중 하나가 바로 손괘다. 그렇다면 손괘는 어떻게 이런 괘사로 풀이되었을까? 이는 '손기이인損己利人' 때문으로, 우리가 흔히 들어온 '손인이기損人利己'와 정반대 의미다***. 남에게 손해를 끼치면서도 자기 이익을 챙기는 사람은 대인 관계가 나빠져 사람들의 미움을 살 수밖에 없다. 반면 어떤 일이든 상대 입장부터 고려하고 자기 손해를 감수할 줄 아는 사람은 모든 사람의 사랑을 받게 마련이다. 안회야말로 이런 정신을 실천한 인물로, 그의 포부만 봐도 됨됨이를 알 수 있다.

《논어》〈공야장편公冶長篇〉에 공자가 자로와 안회에게 포부를 묻는 장면이 나오는데, 안회는 '무벌선 무시로無伐善 無施勞'라고 답한다. 이는 "자기 장점을 자랑하지 않고, 고생한 것을 남에게 드러내지 않겠다"는

---

* 인간과 자연의 존재 양상과 변화 체계를 상징하는 64괘 가운데 41괘.

** 점괘를 알기 쉽게 풀어놓은 글.

*** 손기이인은 '자신이 손해 보더라도 다른 사람을 이롭게 한다', 손인이기는 '다른 사람에게 손해를 끼칠지언정 자신을 이롭게 한다'는 뜻.

뜻이다. 이처럼 안회는 사심이 없었다. '사심이 없다'는 말은 쉽게 느껴지지만, 막상 실천하려면 엄청난 도전이다.

《논어》에 보면 공자는 군자에 대해 이야기하기 좋아한다. 솔직히 나는 《논어》를 읽을 때마다 미묘한 열등감에 시달렸다. 《논어》에는 군자와 소인 두 가지 사람밖에 없는 것 같았기 때문이다. 하지만 자세히 보면 공자는 자신을 소인이라고 묘사한다. 군자는 도의道義를 이해하고 고려하지만, 소인은 이익에 집중하기 때문이다. 그렇다면 우리는 어린 시절부터 지금까지 소인처럼 아무런 발전도 못한 채 살아왔을까? 생각해보면 꼭 그런 것도 아니다.

공자가 말하는 소인은 군자와 달리 몸은 자랐으나 마음은 아직 어린 사람이다. 즉 자기만 살피고 자기 입장에서 생각해 아무런 뜻도 세우지 못하는 사람이 소인이다. 반면 공자가 말한 군자는 뜻을 세운 사람으로, 포부가 있어 매일 발전하고 개선할 줄 안다. 따라서 《논어》에 등장하는 군자는 진행되는 상태로, 군자가 된 사람이 아니라 뜻을 세워 군자가 되려는 사람이다. 실제로 군자의 경지에 이르기는 매우 어려워 군자가 될 수 있는 사람은 많지 않다.

지금까지 안회에 대해 이야기하다가 굳이 군자를 언급한 이유는 무엇일까? 안회가 추구한 '무사無私', 즉 '사심 없음'이 군자의 특징이기 때문이다. 《논어》〈자로편子路篇〉에 "군자는 남과 사귈 때 뜻을 하나로 모으라고 강요하지 않지만 남들과 어울리려 애쓰고, 소인은 자기 말만 듣고 자신과 의견이 같아야 한다고 주장한다"는 구절이 나온다. 또

《논어》〈위정편〉에 보면 "군자는 모든 이에게 관심을 쏟지만, 소인은 자기 무리만 보살핀다"는 구절이 있다.

다음으로 《논어》〈자로편〉에 등장하는 "군자는 편안하고 안정적이되 교만하지 않으며, 소인은 교만하되 편안하고 안정적이지 못하다(君子泰而不驕, 小人驕而不泰)"라는 구절을 보자. 여기서 '태泰'는 '편안하고 안정적이다'라는 뜻이고, '교驕'란 '교만하다'는 의미다. 사람이 자기중심적이고 남과 비교하기 좋아하면 교만해질 수밖에 없다. 반면 자기중심적으로 생각하지 않고 모든 이와 편안하게 지내면 당연히 편안하고 안정적이다.

마지막으로 《논어》〈술이편述而篇〉에는 "군자는 마음이 평온하고 너그러우나, 소인은 늘 걱정한다"는 구절이 나온다. 군자는 어째서 마음이 넓고 느긋할까? 사심이 없기 때문이다. 소인은 무엇 때문에 늘 걱정할까? 남과 비교하며 경쟁하기 때문이다.

그렇다면 공자가 말한 군자는 대체 어떤 사람이 될 수 있을까? 안회야말로 군자가 될 수 있고, 군자가 되고자 늘 노력한 사람이다. 안회는 마음이 평온하고 너그러우며, 편안하고 안정적이되 교만하지 않고, 자기를 내세우는 대신 사람들과 어울리며, 모든 사람에게 관심을 쏟았기 때문에 즐거웠다. 이런 사람은 어디를 가든 환영받으며, 그 자신도 즐거울 수밖에 없다. 이를 통해 알 수 있듯 안회는 감성지수가 매우 높은 사람이다.

인생에서 필요한 마지막 덕목인 '의'는 '의지'를 말한다. 그렇다면 의지란 무엇일까. 어떤 일을 선택할 때 당신은 누가 시켜서 하는 편인가, 자신이 원해서 하는 편인가? 보통 선택할 때는 두 가지가 혼재되지만, 남이 시켜서 하는 비율이 높다. 따라서 자신을 서서히 훈련해야한다. 이를테면 '난 별로 하고 싶지 않은데 누가 시켜서 하는 거야'라는 입장에서 차츰 '나도 할 수 있을 것 같아'로, 마지막엔 '내가 하고싶어!'로 태도가 바뀌도록 훈련한다.

이렇게 자기 책임이던 것을 자신이 원해서 하면 기분이 달라진다. 출근할 때 신이 나고, 일할 때 진지하며, 공부할 때 즐겁다. 이런 상태가 지속되면 상사도 부하 직원인 당신에게 만족하고, 선생님도 학생인당신에게 만족한다.

즐겁게 사는 비결은 따로 없으며, 다른 사람 때문이 아니라 나 스스로 할 때 즐거워질 수 있다. 이는 예나 지금이나 마찬가지로 자신이 실천하지 못하면 어떤 즐거움도 거짓에 불과하다. 제아무리 높은 자리에올라 많은 돈을 벌고 부귀영화를 누린다 해도 즐거울 수 없다. 그런 시간이 길어질수록 내면은 여전히 공허하기 때문이다.

아침에 일어날 때마다 눈앞에 돈이 보이는 부자가 있다고 하자. 그에게 많은 돈이 무슨 의미가 있겠는가? 어떤 이는 돈이 많아진 뒤 "가난하다 보니 남은 게 돈뿐이네요"라고 겸손하게 말했다. 많은 사람이그런 부富를 부러워할 테지만, 실제로 부자가 되면 여전히 삶이 무의미하다는 사실을 깨달을 것이다. 미친 듯이 먹고 마시며 놀고 즐기다 보면 축난 몸뚱어리가 남을 뿐이다. 돈이 있다고 진실한 친구를 사귈 수 있을까. 아무도 그렇다고 쉽게 단언할 수 없으리라. 고난을 겪을 때 비로소 가까운 사람들의 진심이 보이듯이, 놀고먹을 때만 친한 척하는 사람은 진정한 친구일 수 없다.

가난한 삶에서도 도를 즐긴다

안회는 어떻게 가난해도 즐거울 수 있었을까? 이는 그가 유가 사상의 핵심을 제대로 깨닫고 실천했기 때문이다. 공자는 이런 안회를 높이 평가하며 "세상이 써주면 열심히 일하고 세상이 써주지 않으면 물러나 숨어 살아야 할 텐데, 그리 할 수 있는 이는 나와 안회밖에 없다"고 말했다. 공자가 제자인 안회를 자신과 같은 수준으로 치켜세운 것은 결코 간단한 일이 아니다. 그렇다면 공자는 어째서 안회의 경지를 높이 평가했을까. 이는 그가 가난해도 즐거워하고, 이치를 통달한 중에도 즐거워했기 때문이다.

즐거움이란 '도道', 즉 가난한 삶에서도 도를 즐기는 '안빈낙도安貧樂道'에 있으며, 가난함이나 통달함 자체에 있지 않다. '도'란 유가 사상의 이상으로 진실이 일으킨 내적 힘의 변화를 통해 사람이 할 일을 하게 하는데, 즐거움 역시 안에서 나온다. 안회는 천하가 혼란에 빠진 때 살았지만, 시류에 휩쓸리지 않고 자신의 즐거움을 온전히 지켰다. 이 역시 유가 사상의 중요한 전통으로, 안회는 삶을 통해 완벽히 실천했다. 공자가 안회를 그토록 칭찬한 것을 보면 간혹 자기보다 안회가 낫다고 생각했을지도 모른다.

또 《장자》에 보면 안회의 수양이 '좌망坐忘'의 경지에 이르렀다는 구절이 나온다. 도가道家는 본래 '잊어버림'에 대해 논하길 좋아한다. 예를 들어 누가 당신에게 도가를 배우느냐고 물었을 때 "잊어버렸습니다"라고 답하면 도가를 제대로 깨우친 것이다. 반면 "저는 도가를 배우는 중입니다"라고 답하면 아직 배움이 부족하다는 의미다. '좌망'이란 가만히 앉아 내가 누구인지 잊었다는 뜻으로, 공자조차 안회의 '좌망'에 무릎을 치며 감탄해 마지않았다.

장자는 자신의 글을 통해 안회의 수양이 공자보다 높다고 여러 차례 언급했다. 공자가 직접 안회의 영리함을 칭찬했을 뿐만 아니라, '제자가 반드시 스승보다 못하리란 법도 없고, 스승이 꼭 제자보다 현명해야 할 필요도 없다' '도리를 깨우침에는 선후가 있지만 기술과 학업에는 전공專攻이 있을 뿐이다' 같은 옛말을 신뢰했기 때문이다.

공자는 어떻게 제자들이 진심으로 탄복하는 위대한 스승이 됐을까? 본래 좋은 스승이라면 자신을 뛰어넘는 제자를 키우고, 그를 통해 자기 학문이 더 발전하고 계승되도록 해야 하는데, 공자가 바로 그런 스승이었다.

스승과 제자의 관계를 넘어

공자는 말년에 안회가 세상을 떠났다는 소식을 듣고 상심에 빠졌다. 그는 내심 안회가 자신의 도통道統*을 이어주기 바랐다. 하지만 안회는 잘 먹지 못해서인지 평소 몸이 좋지 않았다. 공자가 제자들과 여러 나라를 주유할 때도 안회는 광匡이란 땅에서 노나라 대신 양화陽貨에게 붙들려 하마터면 목숨을 잃을 뻔했다. 당시 안회는 공자의 마차를 따라잡지 못해 다음 날에야 겨우 쫓아갔는데, 그의 얼굴을 본 공자가 환한 얼굴로 반기며 말했다. "안회야, 어제 너를 볼 수 없어 나는 네가 죽은 줄 알았다." 그러자 안회는 "스승님께서 이리 살아 계시는데 제가 어찌 먼저 죽을 수 있겠습니까?"라고 답했다.

이렇게 아버지와 아들 같은 정을 나눈 두 사람이지만, 안회는 안타깝게도 약속을 지키지 못한 채 스승보다 두 해 먼저 세상을 떠나고 말았다. 공자는 안회가 죽었다는 소식을 듣고 주체할 수 없는 슬픔에 잠겨 눈물을 흘리고 또 흘렸다. 이를 두고 《논어》에서는 '자곡지통子哭之慟'이라 했는데, 여기서 '통慟'은 '대단히 슬퍼하다'라는 뜻이다.

제자들이 공자를 보고 이해할 수 없다는 듯 물었다. "스승님, 저희에게 희로애락이 적당해야 한다고 가르쳐주셨는데 어찌 이토록 서럽게 우십니까?" 이에 공자가 말했다. "내가 그리 서럽게 울었는가. 이런 제자를 위해 서럽게 울지 않으면 대체 누굴 위해 서럽게 울겠는가." 안회의 죽음은 공자에게 큰 충격이었다.

얼마 뒤 제자들은 안회의 장례를 호화롭게 치러줬다. 가장 뛰어난

---

* 유가에서 그 사상이 전해지는 정통적 계보.

동료였기에 신경 써서 묻어줘야 한다고 생각한 것이다. 하지만 공자는 제자들의 행동을 보고 한탄하듯 말했다. "안회야, 네가 나를 아버지처럼 여겼거늘 나는 너를 아들처럼 대하지 못했구나." 이는 대체 무슨 뜻일까. 이 말은 '내가 네 신분에 맞는 장례를 준비하지 못했구나'라는 의미다. 당시 공자는 71세로 삶이 얼마 남지 않았기에 제자들이 장사에 대한 예의를 지키기 바랐다. 사람의 죽음을 다루는 장사마저 분수에 맞지 않는 허례로 흐른다면 사회질서는 어떻게 유지되겠는가. 또 사람들의 관계는 어떻게 조화를 이룰 수 있겠는가.

안회가 떠난 뒤 공자는 슬픔을 감추는 대신 애끓는 심정으로 하늘을 원망했다. 《논어》〈선진편先進篇〉에 안연이 죽자 공자가 "아아! 하늘이 나를 버렸구나! 하늘이 나를 버렸구나!"라고 말한 구절이 나온다. 아버지와 아들의 관계는 천륜인데도 공자는 안회보다 한 해 앞서 아들이 세상을 떠났을 때 이처럼 슬퍼하지 않았다.

사실 공자처럼 위대한 스승이 안회와 같이 뛰어난 제자를 가르친 것은 특별한 인연이라 할 수 있다. 인류 문화의 발전과 사회의 진보는 본래 아버지와 아들이 아니라 스승과 제자의 관계를 통해 다음 세대로 이어질 수 있다. 아버지와 아들 사이는 자식에게 전해질 뿐이지만, 스승과 제자 사이는 세상 사람들에게 전해지기 때문이다. 유가의 진정한 이상은 인재를 키워 세상 사람들을 위해 봉사하고, 많은 사람이 그 혜택을 누리도록 하는 데 있다. 세속에 얽매이지 않는 정신과 세상을 선하게 만들고자 하는 열정을 아우르는 것이다.

맹자도 높이 평가한 안회

안회의 이른 죽음은 후세 사람들에게도 매우 안타까운 일이었다. 그러나 후대에 안회를 깊이 이해한 인물이 있다. 맹자는 공자가 세상을 떠난 지 100여 년 만에 나타났는데 그를 '아성'이라 부른 데는 그만한 이유가 있다. 공자가 죽고 제자들은 여덟 개 파로 나뉜 채 각자의 길을 갔으나, 특별한 학문적 성과를 얻지 못했다. 그런데 공자가 죽고 100여 년 뒤인 전국시대에 맹자가 등장한 것이다. 맹자는 안회에 대해 어떻게 말했을까?

《맹자》〈등문공藤文公 상〉에 안회가 "순임금은 어떤 사람이며, 나는 어떤 사람인가? 큰일을 하려는 사람은 마땅히 순임금과 같아야 한다〔舜. 何人也 予. 何人也 有爲者亦若是〕"고 말한 구절이 나온다. 여기서 '유위자역약시有爲者亦若是'는 중국인이 즐겨 하는 말로, 큰일을 하려는 사람은 순임금에게 배워야 한다는 뜻으로 통용된다. 그러나 이 말은 《논어》에 등장하지 않는다. 우리가 안회를 위대하다고 하는 것은 스승인 공자뿐만 아니라 순임금에게도 직접 배우고자 한 마음가짐 때문이다.

맹자는 안회를 대우大禹*와 비교하기도 했다. 중국 고대사를 언급할 때 빠짐없이 등장하는 두 인물이 대우와 후직后稷**이다. 대우는 홍수를 다스려 백성이 물난리를 당하지 않게 했으며, 후직은 백성에게 농사를 가르치고 오곡을 심어 먹고살 수 있게 했다.

---

* 중국 고대 성왕인 '우왕'을 높여 이르는 말.
** 성은 희姬, 이름은 기棄, 중국 주나라의 전설적 시조다.

《맹자》〈이루離婁 하〉에 보면 맹자가 "대우와 후직, 안회는 같은 도를 깨우쳤다. 대우는 세상에 물에 빠진 자가 있으면 자기 때문에 빠졌다고 여겼다. 또 후직은 세상에 굶는 자가 있으면 자기 때문에 굶는다고 여겼다. 그래서 백성의 구제를 서두른 것이다. 대우와 후직, 안회는 서로 처지를 바꾼다 해도 똑같이 행동할 것이다"라고 말한 구절이 나온다.

지금 중국에서 자주 사용하는 '인기기기人饑己饑'*란 말은 후직에 관한 것이며, '인익기익人溺己溺'**이란 말은 대우에 관한 것이다. 여기서 중요한 점은 맹자가 안회를 대우나 후직과 같은 수준으로 평가해 "서로 처지를 바꾼다 해도 똑같이 행동할 것이다"라고 말했다는 사실이다. 시대나 맡은 역할을 바꿨다 해도 세 사람이 같은 일을 했을 것이라니, 얼핏 듣기에 안회를 지나치게 높이 평가했다는 느낌이 든다. 하지만 안회가 혼란스러운 시대에 태어나 병약한 몸으로 41세에 요절하지만 않았어도 대우처럼 홍수를 다스리고, 후직처럼 백성에게 농사를 가르쳤을지 모를 일이다.

맹자가 안회를 이토록 칭송한 것은 보기 드문 일이다. 안회는 겉으로 드러난 학문적 성취가 없을뿐더러, 특별한 관직에 오르거나 백성을 위해 봉사한 적도 없기 때문이다. 맹자는 가난해도 그저 앞으로 나가고자 애쓴 학생일 뿐인 안회를 왜 그리 높이 평가했을까? 이는 안회의 즐거움 때문이다.

---

* 남이 굶주리면 자기가 굶주리게 한 것과 같이 생각한다.
** 남이 물에 빠지면 자기가 물에 빠지게 한 것과 같이 생각한다.

그러므로 유학을 공부할 때 즐거움을 깨닫지 못하면 헛된 공부를 한 셈이다. 예나 지금이나 좋은 철학은 배우면 즐겁고 희망이 넘쳐난다. 날마다 배불리 먹고 마시는 데서 단순한 즐거움을 느끼고, 온화하게 욕망을 절제한 고대 그리스의 쾌락주의와 유가 사상은 다르다. 이를테면 유가 사상은 그리스의 쾌락주의보다 훨씬 깊이 있는 즐거움을 추구했다. 이는 유가 사상이 인성과 결합해 내적인 힘으로 행하는 선善, 내면에서 스스로 확신하는 즐거움을 추구했기 때문이다.

진정한 즐거움은 자기 삶을 누리는 데 있다

앞선 글을 통해 알 수 있듯, 안회가 공자에게 확실히 인정받았다는 사실은 되새겨볼 만하다. 덕분에 2000여 년 뒤 우리는 안회와 관련된 이야기만 읽어도 그의 즐거움을 떠올릴 수 있다. 가난은 그리 중요한 문제가 아니며, 안에서 비롯되는 즐거움은 언제나 변함이 없다.

돈이 많은 사람은 즐겁기만 할까? 물론 돈이 있다고 반드시 즐겁지 않다는 뜻은 아니며, 돈이 있으면서 즐거울 수도 있다. '부이호례富以好禮', 즉 부유하면서도 예를 좋아하면 즐거울 수 있다. 그러려면 자기 돈만 믿고 남을 무시하거나 지나친 돈벌이에 혈안이 되지 말고, 예의와 법칙을 지키며 더 많은 선을 행해야 한다. 우리가 부자에게 가장 부러운 점은 그 돈으로 더 많은 선을 행할 기회가 있다는 사실이다. 돈이 있어서 좋은 차를 타고 큰 집에 살며 온갖 맛있는 음식을 먹는 것은 결코 부러워할 일이 아니다. 외적인 삶의 즐거움은 쉽게 싫증 나기 때문이다.

몸의 필요를 만족시키는 일에 집중하면 금세 피로감이 쌓이고 감각기관의 자극이 줄어든다. 진정으로 즐거우려면 다른 조건이 필요하다. 오래전 한 신문에서 미국의 부호 빌 게이츠가 세 살 난 딸을 안고 있는 사진을 봤다. 그 사진 옆에는 '나는 딸을 안고 있을 때 진정한 행복을 느낀다'고 적혔다. 빌 게이츠의 사진을 빌려 설명하면 돈은 '반드시 있어야 할' 조건이지만, 돈이 많고 적음은 상대적이다. 당신이 아무리 가난해도 살아갈 수 있는 정도라면 크게 중요한 문제가 아니기 때문이다.

이때 필요한 것이 '지' '정' '의'다. 상대에게 관심을 보이고 배려하는 '감정', 즉 '정'이 있으면 즐거울 수 있다. 하지만 '정'으로 충분하지 않으며, '지'와 '의'가 조화를 이뤄야 한다. 필요한 것보다 상위에 있는 개념이 '중요한 것'인데, 인생의 의의意義와 목적을 이해하는 일이 진정으로 중요하다. 사람은 자신이 무엇 때문에 사는지 반드시 알아야 한다. 여기서 '의의'는 내 삶의 의미를 가리키며, 내가 알아야 할 일이다.

또 '목적'이란 '무엇 때문에 사는 것'이 아니라 '무엇을 위해 사는가'라는 뜻이다. '무엇을 위해'와 '무엇 때문에'는 그 의미가 매우 다르다. 특히 '무엇을 위해'는 삶의 목적이나 목표를 위해 자기희생이 가능한지 묻는 것이다. 이를테면 무엇을 위한 삶은 살신성인殺人成仁*이나 사생취의捨生取義** 같은 덕목이 목적이 된다. 듣기만 해도 두려운 일을 어째서 내가 해야 한단 말인가. 이런 목표를 위한 인생은 헛되지 않기 때문이다. 앞서 말한 것들이 나의 목적이 아니라면 굳이 삶을 희생할 필요가 없다.

따라서 유가 사상을 익히려면 결국 삶에 '반드시 있어야 할 것'과

---

* 자기 몸을 희생해 옳은 도리를 행한다.
** 목숨을 버리더라도 옳은 일을 한다.

'필요한 것' '중요한 것'을 모두 섭렵해야 한다. 인생이 추구하는 즐거움의 가장 높은 단계인 '중요한 것'은 유가 사상의 선을 향하고, 선을 택하며, 선에 머물러야 한다는 주장과 같은 의미다. 그렇다면 선이란 무엇일까. 선은 나와 다른 사람 사이에 적당한 관계를 실현하는 것으로, 부모에게 효도하고 형제를 아끼는 마음에서 시작해 그 관심이 세상 사람들에게 확대되어야 한다.

유가 사상을 배우면 그 삶에 뿌리가 생겨 실천이 타인에게 미치며, 개인의 자아실현과 사회의 발전이 완벽한 조화를 이룬다. 자신의 능력을 키우려고 꾸준히 노력하면 사회도 조금씩 나아진다. 그러려면 한 사람 한 사람의 참여가 뒷받침되어야 한다.

그러므로 여기서 안회를 소개하는 것은 당신이 가난하든 부유하든 모자라든 뛰어나든 즐거움은 자신에게 달렸으며, 모든 사람이 그렇게 살 수 있음을 알려주기 위해서다. 안회는 워낙 본받을 점이 많지만, 우리는 무엇보다 즐거움에 초점을 맞춰야 한다. 안회는 다양한 즐거움 중에서도 배움과 덕행을 조화시켜 포부를 키우고, '군자'라는 목표를 향해 나가는 즐거움을 잊지 않았다. 덕분에 그는 공자와 어깨를 나란히 할 수 있었으며, 맹자에게 높은 평가를 받았다.

"자신 있게 원하는 바를 추구할 줄 아는 솔직함"

자로의 솔직함

2장

자로
子路

공자가 "도를 행할 수 없어 뗏목을 타고 바다로 나간다면
나를 따를 이는 유由 네가 아니겠느냐?"라고 말하자,
자로가 기뻐했다.
이에 공자가 말했다.
"유의 용감함은 나를 넘어서지만
뗏목을 만들 재료를 구할 곳이 없구나."
子曰 : 道不行, 乘桴浮於海. 從我者, 其由與 子路聞之喜. 子曰 : 由也好勇過我, 無所取材

-《논어》〈공야장편〉

노나라 사람 자로는 본명이 중유仲由이며, 공자보다 9년 연하다. 그는 공자의 제자 가운데 개성이 가장 분명하고 책임감이 뛰어난 사람이다. 젊은 시절 그는 무뢰한처럼 하고 다니며 결투나 무술 시합하기를 좋아했다. 어떻게 이런 사람이 공자의 제자가 되었을까?

┃ 좋은 새는 나무를 가려 둥지를 튼다

하루는 길을 걷던 공자가 머리에 공작 깃털을 꽂고 멧돼지 가죽옷을 걸친 채 활보하는 젊은이를 보았다. 허리춤에 긴 칼을 찬 그의 모습은 누가 봐도 무뢰한이었다. 당시 공자가 자로에게 말을 걸었는데, 《공자가어孔子家語》*에 다음과 같이 소개되었다.

공자가 자로를 만나 "어떤 것을 좋아하는가?"라고 물었다. 자로가 "긴 검을 좋아합니다"라고 대답했다. 이에 공자가 "내가 물은 것은 그런 이야기가 아니네. 자네의 타고난 재능에 배움을 더하면 좋은 재주가 될 수 있단 말일세"라고 말했다. 그러자 자로가 물었다. "배움이 우리의 능력을 키워줄 수 있단 말입니까? 남산에 있는 대나무는 바로잡지 않아도 곧게 자라고, 날카롭게 깎아 화살로 쏘면 무소의 두꺼운 가

---

* 《논어》에 빠진 공자의 일화를 기록한 책. 처음에는 27권이었으나 현재 10권이 전한다.

죽도 뚫습니다. 이처럼 타고난 재능이 있는데 배움의 과정을 거쳐야 합니까?" 이에 공자가 "화살 꼬리에 깃털을 달고, 화살촉을 더 날카롭게 만들면 화살이 더 깊고 멀리 날아가지 않겠는가?"라고 말하자, 자로가 고개를 숙이며 말했다. "가르침을 받겠나이다."

자로는 자신만만한 인물로 자신이 타고난 인재라고 생각했다. 남산의 대나무처럼 아무 손질 없이도 화살이 되면 무소 가죽을 뚫을 수 있으리라 믿었다. 하지만 공자의 말을 들은 자로는 그 자리에서 공자를 스승으로 모셨다. 이 이야기를 통해 우리는 직접 나서서 제자를 배움으로 이끈 공자의 적극적인 태도와 자신의 부족함을 인정하고 공자를 스승으로 모신 자로의 솔직한 성격을 확인할 수 있다.

곧고 당당한 성격

제자로 거뒀지만 자로는 공자에게 때로 염려스러운 학생이었다. 공자는 책 속의 지식 외에 음악 같은 예문藝文도 가르쳤는데, 음악 수업에서 자로의 연주는 항상 엉망진창이었다. 공자는 자로가 거문고를 탈 때마다 눈살을 찌푸렸다고 한다. 《논어》〈선진편〉에 보면 다음과 같은 구절이 나온다.

공자가 "유(자로)가 타는 이런 거문고 소리를 듣고 있자니 어찌 내 제자가 됐는가 싶네"라고 했다. 다른 제자들은 이 말이 자로를 존중하지 않

은 것이라고 생각했다. 이에 공자가 서둘러 말했다. "유의 수양이 대청
大廳에 올랐으나 깊은 내실內室에는 이르지 못했구나."

공자가 덧붙인 말은 다른 제자들과 조화로운 관계를 유지하기 위함
이다. 이런 이야기를 통해서 알 수 있듯 자로의 음악 실력은 좋지 못
했다.

하지만 공자가 자로를 제자로 거둔 뒤 사람들은 함부로 공자를 책망
할 수 없었다. 용맹한 자로가 스승을 보호하는 일에 최선을 다했기 때
문이다. 이를테면 누군가 공개적으로 공자를 비난하면 어디선가 자로
가 눈에 불을 켜고 나타났다. 이처럼 솔직한 제자를 만난 것도 어찌 보
면 공자의 복이다.

자로는 성정이 보통 사람과 매우 달랐다. 이는 《논어》에 등장하는
세 가지 이야기를 통해 알 수 있다. 《논어》〈안연편〉에 공자가 "한 마
디 말로 실제 사정을 알아내고 사건을 판결할 이는 유밖에 없지 않겠
는가!"라고 말한 구절이 실렸다.

보통 재판에서는 원고와 피고의 말을 모두 들어본 뒤에 판단할 수
있다. 하지만 자로는 한쪽 이야기를 듣고도 누가 옳고 그른지 가려낼
줄 알았다. 이는 그가 독단적인 것이 아니라 성정이 곧아 과감히 결정
할 수 있었기 때문이다. 공자도 자로의 이런 면을 보고 그가 쉽게 관직
에 오를 수 있으리라 생각했다. 본래 관직이란 뛰어난 특기가 있으면
어울리는 자리를 찾을 수 있기 때문이다.

또 《논어》 〈자한편子罕篇〉에서 공자는 "낡고 해진 솜옷을 입고 여우나 오소리 모피로 지은 옷을 입은 사람과 함께 있어도 부끄러워하지 않을 사람은 아마도 유가 아니겠는가?"라고 말했다. 낡은 옷을 입고도 당당하기란 쉬운 일이 아니다. 사람이라면 '상대가 입은 옷'이 먼저 눈에 들어오지 않는가. 행여 곁에 명품으로 온몸을 휘감은 사람이라도 있으면 괜히 움츠러들고 초라해지는 것이 보통 사람의 심리다.

반면 자로는 다른 사람이 제아무리 비싸고 좋은 옷을 입어도 꿈쩍하지 않았다. 이는 그에게 '마차나 말, 옷, 솜옷을 친구들과 함께 쓰며 그것들이 모두 낡아도 섭섭함이 없다'는 포부가 있었기 때문이다. 이런 자로를 보며 공자는 《시경詩經》에 나온 구절을 들어 "사람이 남을 질투하지도 욕심내지도 않으니 어찌 훌륭하다고 하지 않겠는가〔不忮不求, 何用不臧〕"라고 칭찬했다.

자로가 얼마나 단순하고 귀여운 사람인지 스승에게서 이 칭찬을 들은 뒤 날마다 그 '불기불구 하용부장不忮不求, 何用不臧'이란 여덟 글자를 되뇌고 다녔다고 한다. 이를 안 공자는 자로에게 "그리 하는 것도 바른 도리지만 그것만으로 부족하다"는 말을 건넸다. 공자가 자로에게 더 노력하고 더 높은 목표를 이루기 위해 적극적으로 행하도록 요구한 것이다. 소극적이 아니라 적극적으로, 누가 시켜서가 아니라 자기 스스로 하도록 가르치는 것이 공자의 원칙이다.

마지막 이야기는 《논어》 〈공야장편〉에 있다. 공자가 "나의 이상을 실천할 기회가 없구나. 차라리 뗏목을 타고 바다로 나간다면 나를 따를 이는 유, 네가 아니겠느냐?"라고 말하자, 자로가 기뻐했다. 이에 공자가 말했다. "유의 용감함은 나를 넘어서지만 뗏목을 만들 재료를 구할 곳이 없구나."

공자도 때로는 자기 이상을 실현할 수 없는 현실이 안타까웠나 보다. 차라리 바다로 나가면 어떨까 생각했는데, 그때 자신을 따를 제자로 자로를 선택한 것이다. 3000명이나 되는 중에 스승을 따르고 싶지 않은 자가 어디 있겠는가. 이 말을 들은 자로는 기뻐서 어쩔 줄 몰랐다. 하지만 지나치게 좋아하는 자로를 본 공자는 바로 경종을 울렸다. 방금 전에 한 말은 마음속의 한탄일 뿐, 실제 상황이 될 수 없다고 알려준 것이다.

필요하면 직언도 마다하지 않는다

자로는 솔직한 사람으로 무슨 말이든 과감히 할 줄 알았다. 공자의 제자 가운데 낯빛 하나 바뀌지 않고 공자에게 불만을 이야기하거나 화내고 싸울 수 있는 사람은 자로뿐이었다. 《논어》를 읽어본 독자라면 자로가 무척 인상 깊었을 것이다. 무슨 말이든 돌리지 않고 직접적으로 하는 모습이 자주 등장하기 때문이다. 이 역시 그의 솔직한 표현 가운데 하나다.

가장 유명한 일화가 '자견남자子見南子' 사건이다. 남자南子는 위령공衛靈公의 부인으로 미모가 출중했으나, 잦은 스캔들 때문에 소문이 좋지 않았다. 공자가 여러 나라를 주유하다 위衞나라에 갔을 때, 남자가 초대장을 보내 공자를 만나길 청했다. 자로는 스승이 남자처럼 소문이 좋지않은 부인을 만나면 이용당할 뿐이라고 강력히 반대했다. 하지만 공자는 초대에 응하지 않을 수 없었다. 위나라 군주의 부인이 예의를 갖춰 초대하는데, 손님으로서 찾지 않으면 실례라고 생각했기 때문이다.

공자는 남자를 만나러 갔고, 두 사람이 대면한 장면은 뒷날 호사가들의 입방아에 자주 오르내렸다. 사실 남자도 공자가 예의와 격식을 갖춘 학자라는 것을 알기에 자신을 철저히 단속했다. 공자가 도착했을 때 남자는 휘장 너머에 있었다. 공자는 그녀의 손목에 껴 있는 옥팔찌가 달그락거리는 소리만 들었다고 한다. 문제는 두 사람이 대화를 나눈 뒤에 일어났다. 공자는 위령공, 남자와 함께 궁 밖으로 나섰는데, 두 사람의 부탁에 따라 뒤쪽 마차를 탔다. 앞서가던 남자는 위나라 거리를 돌며 공자처럼 유명한 학자가 자신에게 잘 보이려고 한다며 자랑을 늘어놓았다.

자로는 이 사실을 알고 씩씩거리며 화를 냈다. "스승님, 역시 이용당하셨군요!" 이에 공자가 억울한 듯 맹세했다. "내가 허튼짓을 했다면 하늘이 나를 버릴 것이다! 하늘이 나를 버릴 것이야!" 공자는 제자 앞에서 굳이 자신이 잘못하지 않았음을 해명했다. 이처럼 자로는 스승에게 친구처럼 자기 의견을 당당히 말할 수 있는 제자였고, 공자도 그런 자로를 나무라지 않았다.

한번은 노나라에 내란이 일어나서 나라가 넷으로 나뉘는 형국이 됐다. 당시 노나라에는 군주 외에 대부大夫가 세 명 있었는데, 그들의 권력이 군주보다 막강했다. 군주는 힘을 4분의 1밖에 발휘할 수 없었다. 그 와중에 세 대부의 가신家臣 중 하나가 반란을 일으켰고, 노나라 군주가 공자에게 도움을 청했다. 자로는 스승이 이런 복잡한 정국에 참여하는 것을 강력히 반대했고, 공자는 자신에게 이런 상황을 타개할 능력이 있다고 확신했다. 그러나 공자의 노력에도 노나라의 정세는 이전보다 복잡해졌다. 이렇게 어려운 판에 끼어들면 나중에 몸을 빼기 힘드니 조심해야 한다. 자로가 스승에게 입바른 소리를 한 것은 이뿐만이 아니다.

언젠가 진晉나라 조간자趙簡子*가 막강한 세력을 휘두르며 범중행씨范中行氏**를 공격했다. 이에 범중행씨의 가신이자 중모中牟***의 현장縣長 필힐佛肹이 조간자를 치기 위해 반란을 일으켰다. 그는 도움을 얻으려고 공자를 초대했고, 공자 역시 그곳에 가려 했다. 이번에도 자로가 공자를 막아섰다.

"전에 스승님께서 군자라면 공공연히 악을 행하는 곳에 가지 말아야 한다고 하셨습니다. 필힐이 중모를 차지하고 군사를 일으켜 반역을 꾀했는데, 스승님께서 그곳에 가시겠다니 대체 어떻게 설명하실 수 있습니까?" 이에 공자가 "그래, 내가 그리 말했지. 하지만 내가 '굳고 단단

* 춘추전국시대 진나라의 대부.
** 춘추전국시대 진나라의 또 다른 대부 범씨와 중행씨.
*** 허난河南성에 있는 현 이름.

한 것은 갈아도 갈리지 않는다. 새하얀 것은 물들이려 해도 검어지지 않는다'는 말도 하지 않았느냐. 내가 박도 아닌데 어찌 한곳에 걸린 채 아무에게 먹히지 못한단 말이냐?"

공자는 기회가 있으면 백성을 위해 일하기를 바랐다. 이는 공자가 누구보다 자신을 잘 알고, 그렇게 할 자신감도 있었기 때문이다. 그럼에도 자로는 공자가 불의한 곳에 가는 것을 반대했다. 스승이 괜한 일로 다른 사람들에게 쓸데없는 오해를 살까 걱정한 것이다.

마지막 사건은 공자가 제자들과 함께 여러 나라를 주유하던 때 일어났다. 3년 동안 진陳나라에 머물던 공자가 채蔡나라로 가려다 두 나라 사이에 갇혀 꼼짝 못하게 됐는데, 이를 가리켜 '진채지액陳蔡之厄'이라 부른다. 당시 공자는 진나라와 채나라 사이에 갇혀 이레 동안 음식도 제대로 먹지 못한 채 고초를 당했다. 제자 중에는 병으로 쓰러져 일어나지 못하는 사람도 있었다. 이러지도 저러지도 못하는 공자의 모습을 보며 사람들은 주인이 챙겨주지 않으면 밥도 얻어먹지 못하는 '상갓집 개'를 떠올렸다.

이 상황을 지켜보던 자로는 화가 단단히 난 듯 얼굴을 붉히며 공자에게 따졌다. "군자도 이렇게 막다른 길에 이를 때가 있습니까?" 이에 공자가 담담히 대답했다. "물론 군자도 막다른 길에 이를 때가 있다. 그러나 그때도 군자는 자기 원칙을 지킨다. 소인이라면 어떤 나쁜 짓이라도 서슴지 않겠지만 말이다." 공자는 아무리 어려워도 군자라면 원칙을 지켜야 한다는 사실을 일깨웠다.

《논어》에 보면 자로는 이와 같이 네 차례 이상 공자에게 직언하며 스승이 한 일에 문제가 있다고 항의했다. 하지만 공자는 그런 자로의 행동이 스승을 먼저 생각하는 충성스러운 마음에서 나왔음을 알기에 한 번도 자로를 꾸짖지 않았다. 그렇다면 자로는 솔직한 성격 외에 어떤 특징이 있었을까? 이번에는 그의 포부를 중심으로 이야기해보자.

호방하고 충동적인 사내대장부

《논어》〈공야장편〉에 보면 다음과 같은 장면이 나온다.

안회와 자로가 공자 곁에 서 있었다. 이때 공자가 "자네들은 포부가 무엇인가?"라고 물었다. 이에 자로가 대답했다. "제게 마차와 말, 옷, 솜옷이 있어 친구들과 함께 쓸 수 있다면 다 쓰고 해져도 아무 여한이 없겠습니다."

자로가 재물의 가치를 뛰어넘어 친구 사이의 우정을 얼마나 소중히 여겼는지 알 수 있다. 물질보다 사람의 가치를 높이 두는 일은 유가의 기본 정신이기도 하다. 제아무리 값비싼 솜옷이나 마차, 말이라도 친구가 쓴다면 그것이 망가져도 상관없다고 생각한 자로는 친구에 대한 도의가 특별한 사람임이 분명하다.

오늘날에는 '반쯤 자로'인 사람은 볼 수 있어도 '온전한 자로'는 만나기 어렵다. 이를테면 친구에게 노트북을 빌렸다가 고장을 냈다고 가정해보자. 이때 '온전한 자로'라면 "괜찮아. 내가 쓰다가 망가뜨릴 수도 있는데, 뭐"라고 대수롭지 않게 대꾸할 것이다. 하지만 대부분 이런 상황에서 선뜻 "괜찮아"라고 말하지 못하는 '반쯤 자로'일 수밖에 없다. '온전한 자로'가 되기란 쉬운 일이 아니다.

이런 자로도 위나라에서 딱 한 번 스승에게 엄한 꾸중을 들었다. 이 사건은 《논어》〈자로편〉에 등장한다. 자로는 위나라에 도착한 뒤 공자에게 가르침을 청한다. "위나라 임금이 스승님께 나라를 다스리는 일에 대해 의견을 달라고 한다면 무슨 말씀을 하시겠습니까?" 이에 공자가 '필야정명호必也正名乎'라고 답했다. 여기서 정명은 '명분을 바로잡다'라는 뜻으로, 공자는 "군주와 신하, 아버지와 아들 사이에 명분을 바로잡아야 한다"고 말했다.

당시 위나라 임금은 위출공衛出公이었으나, 오래전 다른 나라로 쫓겨난 그의 아버지 괴외蒯聵가 돌아와 임금의 자리를 차지하고 싶어 했다. 이 경우 대체 누가 군주고 누가 신하인가? 한 나라의 임금은 하나인데 아들이 임금이 되면 아버지는 신하가 되지 않는가. 그 때문에 공자는 위나라가 명분을 바로잡아야 한다고 생각했다.

하지만 자로는 뜻밖에도 다음과 같이 말했다. "스승님, 현실과 동떨어진 이야기를 하시는군요. 굳이 명분을 바로잡아 무엇 하겠습니까?" 이에 공자가 자로를 엄하게 꾸짖으며 말했다. "자로야, 네가 무척 거칠구나! 어찌 좀더 깊이, 온전히 생각하지 못한단 말이냐? 명분이 바로 서지 않으면 말이 순조롭지 않고, 말이 순조롭지 않으면 일이 이뤄지지 않으며, 일이 이뤄지지 않으면 예악이 흥하지 않고, 예악이 흥하지 않으면 형벌이 합당하지 않으며, 형벌이 합당하지 않으면 백성이 어찌할 바를 모른다. 그러므로 군자가 명분을 세우면 순리대로 말할 수 있어야 하며, 말하면 실천할 수 있어야 한다."

《논어》〈선진편〉에 다음과 같은 이야기도 나온다. 자로는 노나라의 세 대부 가운데 가장 권력이 강한 계씨季氏 가문의 가신이었는데, 후배 자고(고시高柴라고도 한다)를 현장으로 보내고 싶어 했다. 공자는 자로의 이런 행동이 자고를 망칠 것이라 생각했다. 자고는 아직 나이가 어린 데다, 여러 가지 면에서 부족한 점이 많아 바로 관리가 되기 어려웠다.

자로는 스승의 뜻에 반대했다. "거기에 가면 백성도 있고 여러 관원도 있으며 땅과 곡식도 있는데, 꼭 책을 다 읽어야 배움을 얻을 수 있습니까?" 이에 공자가 "이래서 내가 말 잘하는 사람을 싫어하는 것이다"라고 쏘아붙였다. 본래 자로는 말솜씨가 좋은 사람이 아니다. 다만 공자는 자로가 교묘한 말재주로 자기 뜻이 옳다고 주장했다는 사실을 지적한 것이다.

"공부가 책에 국한된 것은 아니다"라는 자로의 말은 틀리지 않았다. 하지만 공부하지 않고 혹은 공부를 마치지 않은 상태에서 정치에 뛰어들면 배운 것에 한계가 있어 적지 않은 잘못을 하며 대가를 치를 수밖에 없다. 관직에 오르려면 지식과 덕행, 능력을 갖춰야 한다. 이처럼 자로는 다소 제멋대로지만, 제자로서 공자와 매우 친밀한 관계를 맺은 것은 틀림없다.

공자의 몸이 아플 때 가장 격한 반응을 보인 제자도 자로다. 《논어》를 보면 이에 관한 기록이 두 번 나온다. 첫 번째 사건은 《논어》 〈술이편〉에 실렸다.

공자의 병이 깊어지자 자로가 기도를 해보시라고 청했다. 공자가 "그런 것이 다 있느냐?"라고 묻자 자로가 말했다. "있지요. 〈뢰讄〉*에 보면 '하늘과 땅의 신령에게 비옵니다'라는 말이 나오지 않습니까?" 이에 공자가 "그렇다면 나는 오랫동안 계속 기도해왔느니라'라고 답했다."

공자가 오랫동안 기도해왔다는 것은 무슨 뜻일까? 종교적 정서를 깊이 이해한 공자는 평소 올바르게 행동하지 않으면서 급할 때만 신을 찾는 것은 쓸모없다고 생각했다. 그런 면에서 자신은 평소 신에게 부끄러운 행동을 하지 않았기에 오랫동안 기도해온 것이나 다름없다고 이야기한 것이다. 공자가 자로의 호의를 완곡히 거절한 것도 그 때문이다.

두 번째 사건은 《논어》 〈자한편〉에 등장한다. 당시 공자는 병이 심각했다. 이에 제자 중 나이가 가장 많은 자로가 다른 제자들에게 장의위원회를 조직하도록 했다. 그러나 고대에는 의사의 허가 없이 함부로 장의위원회를 구성할 수 없었다. 제자들이 특별히 지은 옷을 입고 들

---

* 죽은 이의 생전 공덕을 칭송하며 신의 보살핌과 복을 구하는 글.

락날락하는 모습을 본 공자는 몸이 조금 나아진 뒤 어찌된 일이냐고 물었다. 제자들은 자로가 시킨 일이라고 대답했다. 이에 공자가 노발 대발하며 말했다. "자로 이 녀석, 누구를 속이려는 게냐? 하늘을 속이 려는 것인가?"

의사도 아니면서 이런 상황을 꾸며낸 것은 사람을 속인 것이나 마찬 가지다. 하지만 자로는 스승을 끔찍이 생각한 제자로, 공자처럼 위대 한 스승이 세상을 떠난다면 격식에 맞는 상喪을 치러야 한다고 생각했 을 뿐이다. 어찌 보면 이 역시 자로의 애틋한 마음이지만 공자는 받아 주지 않았다. 공자는 평소 모든 행동이 예의에 어긋나서는 안 된다고 생각했다. 이런 행동이 예의에 어긋나면 사회의 규범이 엉망이 되기 때문이다. 이상의 사건을 통해 자로는 매우 충동적인 인물이라는 것을 알 수 있다.

자신의 한계를 알지 못하여

자로는 스승에게 여러 문제에 대한 가르침을 구했는데, 그중 하나 가 오늘날까지 종종 논의된다. 《논어》〈선진편〉에 소개되는 이 문제는 질문의 의도는 좋았지만, 자로가 물어볼 주제가 아니었다.

자로가 어찌 귀신을 섬겨야 할지 가르침을 청했다. 공자가 "산 사람도 섬기지 못하면서 어떻게 죽은 사람을 섬기겠느냐?"라고 말했다. 이에 자로가 다시 "감히 죽음은 어떤 것인지 여쭤봐도 되겠습니까?"라고 물었다. 이에 공자가 '삶의 도리도 모르면서 어찌 죽음의 도리를 알겠느냐?'라고 말했다(季路問事鬼神, 子曰: 未能事人, 焉能事鬼 曰: 敢問死, 曰: 未知生, 焉知死).

여기서 '미능사인, 언능사귀未能事人, 焉能事鬼'란 공자가 자로에게 사람과 잘 지내지 못한다면 어떻게 귀신과 잘 지낼 수 있겠느냐고 설명한 것이다. 자로는 행동파에 생각이 깊지 못한 사람으로 음악이나 예술, 문학처럼 사람들과 잘 지내는 데 필요한 수양을 멀리했다. 그런 그가 귀신에 대해 물으니 공자가 정확한 답을 주지 않은 것이다.

하지만 자로는 다시 한 번 죽음이 무엇이냐고 물었다. '죽음'이라니 이는 지나치게 심오한 문제다. 사람이라면 누구나 결국 마주치는 이 문제에 대해 알고 싶지 않은 이가 어디 있겠는가? 그렇다고 죽음에 대해 정확히 말해줄 사람이 어디 있단 말인가? 죽음은 경험 너머의 일로, 일단 죽으면 경험은 끝나고 만다. 지금까지 이 세상에 죽었다가 살아나 죽음이 무엇인지 말해준 사람은 아무도 없다. 하지만 자로는 스승이 죽음에 대해 알고 있으리라 확신했다. 뜻밖에도 공자는 "무엇을 삶이라 하는지 모르면서 어찌 죽음에 대해 알겠느냐?"라고 대답했다.

죽음이란 어떻게 살았느냐에 따라 자연스럽게 따라오는 결과로, 굳이 먼저 걱정할 필요가 없다. 장래가 어떻게 되든 지금 이 순간 잘 사는 것이 가장 중요하다. 공자는 자로가 죽음 뒤의 일을 자꾸 염려하기보다 현재 삶을 소중히 여기고 사람들과 잘 지내길 바란 것이다.

뒷날 이 장면을 두고 공자가 죽음에 대해 잘 모른 것이 아니냐고 지적한 사람이 적지 않다. 하지만 그런 일방적인 매도는 공자에게 억울한 일이 아닐 수 없다. 세상에 죽음에 대해 이해하지 못하는 철학자(물론 내가 말하는 것은 진정으로 위대한 철학자다)가 어디 있겠는가. 《논어》에 보면 생명을 뜻하는 '생生'이란 글자는 16번 등장하지만, 죽음을 뜻하는 '사死'란 글자는 무려 38번 나온다. 공자가 죽음에 대해 잘 몰랐다면 어떻게 "아침에 도를 들으면 저녁에 죽어도 좋다"고 했겠는가. 또 어떻게 "삶을 추구하려고 인을 해칠 수는 없어도 자신의 몸을 죽여 인을 이룰 수는 있다"고 했겠는가. 이는 죽음에 대한 공자의 깨달음으로, 그에게 죽음이란 결코 두려울 것 없는 존재였다.

서양 철학자 가운데 죽음에 대해 가장 간결하고도 정확하며 깊이 있게 논한 사람은 소크라테스다. 억울한 재판을 받고 사형을 기다리는 소크라테스를 보며 사람들은 그가 탈옥하기를 바랐다. 그러나 소크라테스는 법에 맞서 도망가지 않았다. 그의 제자들은 매일같이 찾아와 슬퍼하며 물었다. "스승님, 죽음이 두렵지 않으십니까?" 이에 소크라테스는 담담히 말했다. "죽음이 두려울 게 뭐가 있나? 죽음이란 그저 두 가지 경우 가운데 하나라네. 하나는 꿈을 꾸지 않는 잠을 자는 것이고, 다른 하나는 신체의 속박에서 벗어나 자유롭게 어디든 가서 보고 싶은 사람을 만나는 것이지."

소크라테스는 죽음 이후에 모든 속박에서 벗어날 수 있다고 믿었다. 사람은 살아 있는 동안 몸이란 감옥에 갇혔을 뿐 본체인 자아는 영혼

이기 때문이다. 이런 몸이 사라진다면 당신은 감옥에서 풀려나 자유롭게 곳곳을 날아다니며 보고 싶은 사람을 만날 수 있다. 그렇기 때문에 소크라테스는 죽음을 두려워하지 않았다. 사실 우리도 죽음을 그리 겁낼 필요가 없다. 죽음은 매우 자연스러운 일로, 삶에는 죽음이 뒤따르게 마련이다.

유가는 죽음에 대해 어떻게 생각했을까? 자로의 이야기가 나온 김에 죽음을 대하는 유가의 사상에 대해 말해보자.

첫째, 죽음은 생명의 자연스러운 종결로 삶이 있으면 늙음이나 병, 죽음도 있을 뿐 특별한 감정적 반응을 보일 필요가 없다.

둘째, 죽음이란 단순한 끝이 아니라 일종의 목적을 나타내며 죽음에 앞서 삶을 온전히 정리할 수 있어야 한다. 삶을 제대로 매듭짓지 못한다면 어떻게 '살신성인' 같은 말을 할 수 있겠는가? 뒷날 맹자가 '사생취의'란 말을 한 것도 같은 맥락이다.

보통 사람에게 죽음이란 희생이자 포기이며 손실에 불과하지만, 유가에서 죽음은 삶의 마지막 검증이라 할 수 있다. 이 검증을 통해 당신이 일생 동안 가치 있게 살았는지, 목적에 도달했는지 확인하는 것이다. 앞서 말한 죽음에 대한 두 가지 견해를 모두 이해했다면 당신의 인생은 매우 안정적이다. 죽음의 이치를 깨달았다면 세상에 걱정할 일이 어디 있겠는가. 당신은 지금의 삶을 소중히 여기고 바르게 살면 된다. 이상에서 알아본 바와 같이 자로가 제기한 문제는 표면적인 의미로 볼 것이 아니라 그 폭을 넓혀 공자의 사상이 널리 적용되도록 해야 한다.

자로는 공자가 인자仁者라고 생각한 인물에 대해서도 종종 완곡한 비평을 했다. 《논어》에 보면 공자가 인자의 조건을 갖췄다고 특별히 언급한 여섯 명이 있다. 공자가 직접 언급했다는 사실로도 그들에게 얼마나 높은 평가를 내렸는지 알 수 있다. 그중 다섯은 미자微子, 기자箕子, 비간比干(세 사람은 모두 상商나라 주왕紂王에게 핍박을 받았다), 백이伯夷, 숙제叔齊고 마지막 인물이 관중管仲이다. 자로는 관중에게 문제가 있다고 생각했다.

그렇다면 관중은 누구일까? 그는 춘추전국시대 제나라 환공桓公*의 재상으로, 제후들을 규합해 천하를 바로잡는 데 큰 공을 세웠다. 관중은 도덕성에 문제가 많은 사람이다. 공자 역시 그가 겉치레에 치중하고 사치스러우며 예를 모른다고 지적했다. 하지만 관중은 환공을 도와 뛰어난 외교적 수단을 발휘, 춘추전국시대에 여러 나라가 100여 년 동안 전쟁 없이 평화롭게 공존할 수 있게 했다. 무고한 백성을 죽음으로 몰아넣는 전쟁을 막은 것도 역사에 큰 공헌을 한 셈이다. 그 때문에 공자는 관중을 높이 평가했다. 이는 유가에서 종종 언급하는 인성은 선을 향해야 한다는 이념과 일맥상통하며, 선은 나와 다른 사람 사이에 적당한 관계를 실현할 수 있도록 돕는다.

제나라 재상은 제나라 백성을 돌보면 그만이다. 관중이 외교적 수완을 발휘해 여러 나라가 전쟁하지 않게 한 일은 천하의 백성을 이롭게 한 것이다. 이런 공로는 본인의 신분에서 할 일을 뛰어넘었다고 할 수

---

* 제나라 군주로 오패五覇 가운데 하나.

있다. 공자가 관중을 특별히 칭찬한 것도 그 때문이다. 개인의 도덕성이나 사생활을 구체적으로 따지면 세상에 완벽한 사람이 어디 있겠는가. 사람이 어떻게 살았는가는 개인적인 조건일 뿐, 자기 자리에서 맡은 일을 얼마나 잘 처리하느냐가 훨씬 중요하다. 업무가 요구하는 범위를 넘어 모든 사람을 행복하게 하는 사람이야말로 공자가 말한 인자라고 할 수 있다. 하지만 수양에 한계가 있는 자로는 스승의 이런 생각을 이해하지 못했다.

자로는 왜 관중을 비판했을까? 제나라에 내란이 일어나 군주 양공襄公이 피살되었을 때 동생인 두 왕자는 외국으로 도망간 상태였다. 두 사람 가운데 먼저 돌아오는 왕자가 임금이 되고 다른 왕자가 죽음을 맞을 것은 빤한 일이었다. 좋은 친구인 관중과 포숙아鮑叔牙는 꾀를 내어 서로 다른 공자公子를 모시기로 했다. 당시 관중은 공자 규糾를, 포숙아는 공자 소백小白을 선택했다. 나중에 두 사람이 싸움을 벌여 공자 소백이 승리하고 즉위했는데, 그가 바로 환공이다. 죽을 위기에 처한 관중은 포숙아의 천거로 환공의 재상이 되었다.

자로는 이 부분을 두고 관중이 의리가 없다며 비판했다. 자로의 비판이 옳을까? 여기서 우리가 고려할 점은 어차피 그들 모두 제나라 사람이라는 사실이다. 경쟁 과정에서 누가 이기고 지든 결국 제나라 사람인데, 자신이 모신 공자가 졌다고 따라 죽을 이유는 없다. 아무리 참혹한 경쟁이 있었다 해도 인재는 나라를 위해 쓰여야 한다. 그렇지 않다면 소의小義를 따르는 것에 불과하다.

《논어》〈헌문편憲問篇〉에 보면 자로와 자공의 비판에 공자가 대답했다. "관중이 환공을 도와 제후들을 제패하고 천하를 바로잡아 오늘날까지 백성이 그의 은혜를 입고 있다. 관중이 없었다면 우리는 오랑캐가 되어 머리를 풀어 헤치고 왼쪽으로 여미는 옷을 입을 것이다. 그가 평범한 사람들처럼 작은 신의를 지키기 위해 산골짜기에서 자살했다면 그 죽음을 누가 알아주겠느냐."

이것이 유가 사상으로 공자의 위대함은 말과 행동이 합리적이었다는 데 있다. 도의를 논하는 것이 옳은 일이지만, 우리가 진정으로 논해야 할 도의란 무엇일까? 이에 대해 맹자는 "진정으로 덕행이 갖춰진 사람이라면 말 한 마디 한 마디에 모두 신용을 지키지 않아도 되며, 일에 반드시 결과가 있지 않아도 된다. 다만 모든 것이 도의를 목적으로 해야 한다(大人者, 言不必信, 行不必果, 惟義所在)*"고 언급했다. 그런 의미에서 솔직한 자로는 남의 충고에 귀 기울이지 않는 고집쟁이라고 할 수밖에 없다.

그렇다면 '도의를 목적으로 해야 한다'는 말은 무슨 뜻일까? 이를테면 내게 엽총이 있는 걸 아는 친구가 있다고 가정해보자. 그 친구가 다음 달에 엽총을 빌려달라고 해서 그러겠다고 약속했다. 하지만 다음 달이 되기 전에 친구가 우울증에 걸렸고, 자살을 시도할 조짐이 보였

---

* 이 구절은 국내 학자의 풀이와 이 책의 풀이가 좀 다르다. 국내 학자는 "큰 사람은 말을 하면서 다른 사람이 믿어주기를 요구하지 않으며, 행동을 하면서 좋은 결과를 요구하지 않는다. 오직 정의가 존재하는 바를 말하고 행동에 옮긴다"로 해석했는데, 중국 백과사전이나 뒤에 이어진 본문을 기준으로 볼 때 지은이의 풀이가 옳다고 여겨져 그대로 번역했다.

다. 다음 달에 친구가 찾아와 약속대로 엽총을 빌려달라고 하면 빌려 줘야 할까? 그때 나는 엽총을 도둑맞았다고 거짓말할 수밖에 없다. 순순히 엽총을 빌려줄 경우 친구가 자살할 수도 있지 않은가.

다른 사람과 약속을 할 때는 중간에 어떤 변화가 있었는지 고려해 신중히 판단해야 한다. 약속을 지키겠다고 '내 총을 빌려 자살하는 건 네 일이고 나는 신용을 지키겠어'라는 생각은 옳지 않다. 항상 경각심을 가지고 세밀한 변화도 지혜롭게 판단해야 한다. 앞서 맹자가 말한 이유도 바로 이 때문이다.

그러므로 유가에서는 맹목적인 충성이나 죽을 때까지 싸우는 의리가 결코 최선이 아니다. 사람들은 저마다 원칙이 있지만 융통성 있게 행동할 줄도 알아야 한다. 원칙만 있고 융통성이 없으면 운신의 폭이 좁아지고, 세상으로 향하는 길도 꽉 막힌다. 다만 융통성을 핑계로 자기 생각과 방법을 함부로 바꿀 수는 없다. 신용을 지킬 수 없을 때는 상대에게 어떤 변수로 입장을 바꿀 수밖에 없었는지 이유를 명확히 설명해야 한다.

'도의를 목적으로 해야 한다'고 할 때 도의, 즉 의義란 정당성을 가리킨다. 이런 정당성은 상황에 따라 바뀌게 마련이다. 그렇다면 정당성은 무엇이고, 마땅히 해야 할 일은 무엇일까? 이 역시 상황에 따라 정해지며, 같은 일이라도 이 사람은 하고 저 사람은 하지 못하는 것은 일하는 대상과 각자의 상황이 다르기 때문이다. 다시 말해 친구에게 신용을 지키고 도의를 논하는 것은 옳은 일이지만, 언제나 개별적인 상황을 보고 판단해야 한다. 따라서 유가를 배울 때는 단순히 표면적인 의미를 익힐 것이 아니라 그 사상을 마음속의 원칙으로 삼되, 그때그때 지혜로운 판단을 통해 새로운 선택을 해야 한다.

융통성 있는 선택은 자로에게 쉽지 않은 일이었을 것이다. 스승의 가르침을 깨닫지 못한 자로는 위衛나라에서 관리를 하던 당시 내란이 일어나자, 군주를 지키려다 결국 죽음을 당했다. 자로는 안회가 세상을 떠나고 불과 1년 만에 그 뒤를 따랐으며, 그때 공자는 72세였다. 아들과 가장 사랑하는 두 제자(안회, 자로)를 먼저 보낸 공자의 말년은 몹시 비참했다. 자로가 참혹한 죽음을 맞았다는 소식이 전해지자, 공자는 슬픔에 빠져 "하늘이 나를 끊어내는구나"라며 눈물을 흘렸다고 한다. 이는 안회가 세상을 떠난 때와 비슷한 상황이다.

뒷날 장자는 공자를 비판하며 자로를 예로 들었다. 그는 공자가 제자를 제대로 가르치지 못해서 자로가 다른 나라의 정치 내란에 휘말렸다가 결국 죽음을 당하고 말았다고 했다. 이는 자로가 공자의 제자가 되지 않았다면 더 오래 살았을지 모른다는 의미처럼 들린다. 물론 장자의 말에도 일리는 있다. 하지만 자로의 죽음을 어떻게 공자의 탓으로 돌릴 수 있겠는가. 자로의 솔직한 성격은 그의 장점으로, 활력이 넘치는 모습과 행동에 주저함이 없는 태도는 의미 있게 되새겨볼 만하다. 하지만 시간을 두고 천천히 연구하거나 깨닫기보다 즉각적으로 눈에 보이는 효과를 원한 자로의 성격이야말로 비극의 원인이라고 하겠다.

맡은 일만 할 줄 아는 신하

공자가 제자들에게 포부를 물어볼 때마다 가장 먼저 대답한 사람은 자로다. 이는 그가 제자들 중 나이가 가장 많기도 했지만, 하고 싶은 말은 꼭 하고 돌려서 말할 줄 모르는 사람이기 때문이다. 《논어》 〈선진편〉에 공자가 제자들의 포부를 듣는 이야기가 나온다.

자로와 증석曾晳,* 염유와 공서화公西華**가 곁에 앉아 있을 때 공자가 물었다. "내가 자네들보다 나이가 조금 많다고 어려워하지 말게. 평소 자네들은 나를 알아주는 이가 없다고 하는데, 알아주는 사람이 있다면 어찌할 작정인가?" 이에 자로가 대답했다. "병거兵車 1000대를 가진 나라가 여러 대국大國 사이에 끼어 밖으로 군대의 침입을 받고 안으로 기근이 닥친다 해도 제가 다스린다면 3년이면 백성을 용감하고 도리를 알게 만들 수 있습니다." 그 말을 들은 공자가 빙그레 미소 지었다.

그 자리에 있던 증석도 스승의 미소가 궁금했다. 증석은 스승과의 대화에서 칭찬을 받았지만 여전히 이해가 되지 않는 부분이 있었기에 다른 제자들이 돌아가기를 기다렸다가 물었다. "스승님께서는 자로가 포부를 말한 뒤에 어찌하여 웃으셨습니까?" "나라를 다스리는 것은 예를 따라야 하는데, 그의 말에 겸손함이 없어 웃었다."

---

* 증삼의 아버지로 증점이라고도 하며, 공자의 제자다.
** 공자의 제자로 '공문 72현' 가운데 하나다.

이 대화를 통해서 알 수 있듯이 자로는 하고 싶은 말은 그대로 하는 사람이다. 이런 사람도 기회가 닿아 관리가 되면 충분히 제 역할을 해낼 수 있다. 뒷날 자로는 노나라에서 관직을 얻어 염유와 함께 계씨 가문의 가신이 됐다. 자로는 관직에 있는 동안 적어도 부정적인 평가는 받지 않았다. 반면 염유는 많은 비난을 받았다. 심지어 공자조차 염유는 자신의 제자가 아니니 징을 울리고 북을 치며 염유를 공격해도 좋다고 했지만, 자로에게는 아무런 비판도 하지 않았다. 그나마 자로의 평판이 좋았던 것으로 보인다.

그렇다면 공자의 눈에 자로는 어떤 관리였을까? 《논어》〈선진편〉에 다음과 같은 대화가 나온다.

> 계자연季子然*이 가르침을 청했다. "중유(자로)와 염구(염유)는 대신大臣이라 부를 수 있습니까?" 이에 공자가 "나는 그대가 다른 일을 물을 줄 알았는데 유와 구에 대해 물어보시는구려. 대신이란 정도正道에 따라 군왕을 모시고, 그것이 어려우면 자리를 내어놓소. 하지만 지금의 유와 구는 맡은 일만 할 줄 아는 신하라 할 수 있다오"라고 대답했다(季子然問: 仲由, 冉求可謂大臣與 子曰: 吾以子爲異之問, 曾由與求之問, 所謂大臣者, 以道事君, 不可則止. 今由與求也, 可謂具臣矣).

---

* 삼환三桓이라고 불리는 노나라의 세도가 가운데 하나인 계손씨의 일족.

공자는 어째서 자로를 구신具臣, 즉 머릿수만 채우는 신하라고 표현했을까? 여기서 '구具'는 '구체적'이란 뜻으로, 공자는 자로가 구체적으로 주어진 일만 할 줄 안다고 지적한 것이다. 이를테면 자로는 재무나 산업, 교육 등 특정한 일만 책임질 수 있는 신하다. 반면 공자가 생각하는 진정한 대신은 '이도사군, 불가즉지以道事君. 不可則止', 즉 정도로 임금을 모시고 그렇게 할 수 없다면 자리를 내어놓을 줄 아는 사람이다.

한 나라가 정상적으로 돌아가는지 아닌지, 임금이 어진 인물인지 아닌지는 다른 문제며, 관리는 임금의 뜻을 받들어 아래에 지시하고 모든 사회가 바르게 발전할 수 있도록 해야 한다. 그럴 수 없다면 임금이 개인적인 욕망을 실현하는 데 이용당하지 말아야 한다. 그런 면에서 자로와 염유는 수양이 공자가 말하는 수준에 이르지 못했기에 구체적으로 맡은 일만 하는 신하가 될 수밖에 없었다. 다만 자로는 염유보다 나은 신하였으며, 적어도 정무政務에서 부정적인 평가를 받지 않았다.

후세에 이름을 알리다

자로는 사상적인 측면에서 뛰어난 인물이 아니다. 많은 사람이 그를 그리워하는 것은 특색 있는 인격 때문이다. 자로는 호쾌한 성격으로 특히 친구 사이의 도의를 중시했으며, 스승에 대한 정도 두터웠다. 그러므로 오늘날 우리가 자로의 솔직함을 배운다면 그의 용기와 정의감을 마음에 새겨야 한다.

자로가 살던 당시는 정세가 복잡해 시류에 휩쓸리지 않고 중심을 잡기 어려웠다. 하지만 자로는 주변의 상황에 결코 흔들리지 않았다. 이를테면 남들이 아무리 비싼 옷을 입고 좋은 음식을 먹으며 향락을 즐겨도 전혀 개의치 않았다. 사람의 가치가 내면에 있다는 사실을 잘 알았기 때문이다. 자로가 관중을 평가한 것만 봐도 그런 가치관을 알 수 있다. 그는 관중의 부유한 생활이나 높은 관직이 오히려 흠이라고 생각했다. 반면 공자는 됨됨이를 볼 때 다른 사람과 관계에서 사회에 얼마나 좋은 효과를 미쳤는지 살펴야 한다고 충고하며, 자로에게 한 단계 높은 수양을 강조했다.

자로는 《논어》에 가장 많이 등장한 인물로, 스승에게 정치를 어떻게 해야 하는지 묻기도 했다. 이에 공자는 '신선사졸身先士卒', 즉 높은 사람이 먼저 나서면 귀감이 되어 아래 관리들이 자연스럽게 백성을 위해 봉사한다고 대답했다. 하지만 자로는 어떻게 해야 바른 관리가 될 수 있는지 더 알려달라고 졸랐다. 이에 공자는 '무권無倦', 즉 '게으리하지 말라'고 말했다. 솔선수범하되 꾸준한 마음이 필요하다고 충고한 것이다. 꾸준한 마음이 있으면 어떤 일에 대한 실천의 효과가 언젠가 나타나게 마련이다.

솔직한 사람은 성격이 남들보다 용감하고 시원시원하지만, 인내심이 부족해서 눈에 보이는 효과를 원한다. 이를테면 오늘 정책을 발표하고 내일 효과가 나타나길 기대하는 것이다. 하지만 이렇게 빨리 목적을 이루기는 불가능하다. 공자가 게으리하지 말며 한결같은 마음을 갖추라고 타이른 것도 자로의 급한 성격을 고려한 답변이다.

사람은 일상적이고 평탄한 생활도 즐길 줄 알아야 한다. 날마다 극적인 상황이 일어나길 바란다면 그 역시 감당하기 어려운 일이다. 오히려 평탄하고 일상적인 삶에 진정한 인생의 의미가 있다. 서양 속담에도 '무소식이 희소식'이란 말이 있지 않은가. 자로는 인생의 클라이맥스가 계속되길 바라는 사람으로 개성이 뚜렷해 다른 사람과 관계에서 망설임이 없으며, 정의를 위해서라면 물불을 가리지 않았다.

자로에 관한 이야기는 《맹자》에서도 일부 찾아볼 수 있다. 맹자는 자로를 어떻게 평가했을까? '자로문과즉희子路聞過則喜', 자로는 자기 잘못에 대해 들으면 기뻐했다는 뜻이다. 사람은 보통 다른 사람에게 자기 잘못에 대해 들으면 부인하거나 자신을 변호하려고 한다. 자로는 이와 반대로 기뻐했다니 어떻게 그럴 수 있었을까? 이는 그가 스스로 잘못된 점을 개선할 수 있다고 믿었기 때문이다.

《논어》에도 비슷한 이야기가 나온다. 자로는 스승의 가르침을 들을 때마다 해야 할 일을 제대로 실천하지 못하면 또 다른 가르침을 듣기 두려워했다. 예를 들어 공자가 오늘 자로에게 효도해야 한다고 했는데 이를 지키지 못했다면, 공자의 다른 말을 듣고 싶어 하지 않았다. 앞서 들은 가르침도 실천하지 못했는데 다른 가르침을 계속 들으면 모두 실천하지 못할까 봐 걱정이 됐기 때문이다. 그는 배운 바를 그대로 실천할 줄 아는 진정한 사내대장부였다.

돌을 다듬어 빛나는 금을 만들다

자로의 여러 가지 면모를 통해 우리는 그가 어떤 사람인지 확실히 알았다. 그는 마음이 곧고 덕행이 높은 군자며, 기질이 호방한 사내대장부고, 자기가 한 말에 책임질 줄 아는 사람이며, 바라는 일에 최선을 다했다. 그는 다른 이의 소송 안건을 진득하게 들어주지 못하지만, 몇 마디만 듣고도 옳은 판단을 내릴 줄 아는 인물이다. 그는 스승이 함께 다른 나라로 가자는 푸념만 해도 신이 나 배를 찾아 나서는 행동파다. 이런 모습은 자로의 솔직한 개성이 잘 드러난 예다.

물론 자로가 음악이나 예술, 문학 등을 좀더 깊이 있게 이해했다면 훨씬 완벽한 사람이 됐을 수도 있다. 하지만 세상에 티 하나 없는 사람이 어디 있겠는가. 사람은 누구나 타고난 성향이 있으며, 후천적인 재주를 각자 오랫동안 단련할 뿐이다.

이 장에서 처음 언급한 이야기를 다시 해보면 자로는 공자의 제자가 된 뒤 남산의 대나무처럼 앞에는 날카로운 화살촉을, 뒤에는 깃털을 달았다. 자로가 완벽히 새로운 사람이 된 원동력은 공자의 제자가 됐기 때문이다. 그렇지 않았다면 그는 용감한 싸움꾼이나 의협심 강한 젊은이가 됐을 것이다. 하지만 머리가 희끗희끗해진 뒤에도 싸움이나 하며 지낼 수 있었을까? 그런 의미에서 공자의 맞춤 교육은 확실히 돌을 금으로 만드는 효과가 있었다. '점석성금點石成金' 효과는 자로에게서 가장 뚜렷이 드러났다.

우리는 자로를 보며 그의 솔직함과 용기, 도의를 배울 수 있다. 그는 죽는 순간까지 무엇이 '의義'인지 가려내고자 했다. 물론 자로는 공자에게 여러 가지 면에서 지적이나 비판을 많이 받았지만, 그 역시 우리가 배울 가치가 있다. 자로는 공자의 수많은 제자 가운데 개성이 가장 분명하고 표현이 특출한 인물이다.

"배움을 자신의 깨달음으로 승화시키는 힘"

자하의 가르침

3장

사마우가 근심스럽게 "사람들은 모두 형제가 있는데
나만 혼자인 것 같네"라고 하자, 자하가 말했다.
"제가 듣자 하니 죽고 사는 것은 운명에 따르고
부귀는 하늘에 달렸다고 하더이다.
군자의 태도가 진지하고 언행에 그름이 없으며,
사람을 공경하고 사귐에 예의가 있다면
사해 안의 모든 사람이 형제라 할 수 있소이다.
그런데 군자가 어찌하여 형제가 없다고 걱정하시오?"

司馬牛憂曰 : 人皆有兄弟, 我獨亡. 子夏曰 : 商聞之矣: 死生有命, 富貴在天. 君子敬而無

失, 與人恭而有禮, 四海之內皆兄弟也. 君子何患乎無兄弟也

－《논어》〈안연편〉

위衛나라 사람 자하의 원래 이름은 복상卜商이며, 자字는 자하다. 공자보다 44년 연하로, 문학과 제자다. 그는 자유와 마찬가지로 공자가 여러 나라를 주유할 때 거둔 제자다. 자하에게 본받을 점은 무엇일까? 우리는 그에게 사람을 어떻게 가르쳐야 하는지 배울 수 있다. 가르침이라면 선생들이나 하는 일이라고 생각하기 쉽다. 하지만 일상생활에서도 누구나 선생과 학생이 될 수 있다. 또 학교에서 배운 지식으로만 사회의 일상적인 업무에 일일이 대응하기란 어렵다.

"벼슬을 하면서 여유가 있으면 학문을 닦고, 학문을 닦으면서 여유가 있으면 벼슬을 하라"는 자하가 한 말이다. 그는 가르침에 대해 어떤 깨달음이 있었을까? 자하는 좋은 제자였으며, 말년에는 훌륭한 스승으로서 위문후魏文侯*를 가르쳤다. 이처럼 자하는 공자의 제자 가운데 비교적 성공한 사람으로 꼽을 수 있다.

온순하고 내성적인 성격

자하는 내성적인 편으로, 공자도 '과유불급過猶不及'이란 말로 언급한 적이 있다. 이 말은 자하와 자장을 비교한 것으로 자장은 '과過', 즉

---

* 전국시대 위나라 군주로 위사魏斯, 위도魏都라고도 한다.

지나친 편이었고 자하는 '불급不及', 즉 모자란 편이었다. 《논어》에서 자하는 자유와 함께 처음 등장한다. 당시 두 사람은 공자에게 효도란 무엇인지 가르침을 청했다. 이 상황은 《논어》 〈위정편〉에 소개되었다.

> 자유가 효란 무엇인지 가르침을 청했다. 이에 공자가 말씀하셨다. "오늘날 효란 부모를 봉양하는 것을 가리킨다. 그러나 개와 말도 사람에게 하듯이 보살필 수 있다. 여기에 존경이 없다면 어찌 이 둘을 구분할 수 있겠느냐.
> 자하가 효란 무엇인지 가르침을 청했다. 이에 공자가 말씀하셨다. "자녀가 환한 얼굴을 하고 있기가 가장 어렵도다. 일이 있으면 젊은 사람이 대신하고, 좋은 술과 음식이 있으면 연장자가 먼저 먹는다고 어찌 이를 효라고 할 수 있겠느냐."

공자는 똑같은 문제를 두고 두 제자에게 어울리는 가르침을 주었을 뿐만 아니라, '효도'란 문제에 기본적인 설명을 내놓았다. 자유가 효가 무엇이냐고 묻자, 공자는 "오늘날 효는 부모를 봉양하는 것으로 먹여 살리는 일에 불과하다. 하지만 부모를 존경하지 않으면 사람에게 하듯이 개와 말을 보살피는 것과 무슨 차이가 있겠느냐"라고 대답했다.

또 자하에게는 "자녀가 계속 즐거운 얼굴을 하고 있기가 가장 어렵다. 일이 있으면 젊은 사람이 대신하고, 좋은 술과 음식이 있으면 부모가 드시게 하는 것을 진정한 효도라고 할 수 있겠느냐"라고 대답했다.

평소 부모님과 지내다 보면 가장 들키기 쉬운 것이 낯빛이다. 이를테면 '긴 병에 효자 없다'는 속담처럼 말이다. 하지만 어린 시절 우리가 아프다고 부모님이 귀찮아하거나 불평하는 모습을 본 적이 있는가. 우리는 왜 어머니, 아버지에게 귀찮은 기색을 보일까.

항상 즐거운 표정을 짓기란 여간 어려운 일이 아니다. 마음에서 우러나오는 깊은 정이 있어야 즐거운 표정으로 드러나기 때문이다. 사랑에 빠지면 상대를 위해 무슨 일이든 기쁘게 할 수 있지 않던가. 하지만 그에 대한 마음이 줄어들면 금세 짜증을 내는 것이 인지상정人之常情이다. 자하와 자유는 문학과 우등생으로, 책에 대한 이해도가 매우 높았다. 그들이 효에 대해 묻자 공자는 자유에게 '존경'을, 자하에게 '관심'을 강조했다. 하지만 이 둘은 다른 개념이 아니며, 효도는 존경과 관심이 함께해야 완벽해진다.

생각이 깊고 배우기를 즐기다

자하는 배움이 깊은 사람으로, 동료들도 궁금한 점이 있으면 그에게 가르침을 청했다. 그 예로 두 가지 일화를 소개한다. 첫 번째 이야기는 《논어》〈안연편〉에 있다.

사마우가 근심스럽게 "사람들은 모두 형제가 있는데 나만 혼자인 것 같네"라고 하자, 자하가 말했다. "제가 듣자 하니 죽고 사는 것은 운명에 따르고 부귀는 하늘에 달렸다고 하더이다. 군자의 태도가 진지하고 언행에 그릇이 없으며, 사람을 공경하고 사귐에 예의가 있다면 사해 안의 모든 사람이 형제라 할 수 있소이다. 그런데 군자가 어찌하여 형제가 없다고 걱정하시오(司馬牛憂曰: 人皆有兄弟, 我獨亡. 子夏曰: 商聞之矣: 死生有命, 富貴在天. 君子敬而無失, 與人恭而有禮, 四海之內皆兄弟也. 君子何患乎無兄弟也)?"

이는 공자가 한 말을 자하가 전한 것이다. 특히 '사생유명, 부귀재천死生有命, 富貴在天'은 오늘날까지 유가의 기본적인 태도로 여겨진다. 사람의 삶과 죽음은 운명에 따라 달라지며, 사람의 의지로 좌우할 수 있는 것이 아니다. 뒤이은 '군자경이무실, 여인공이유례君子敬而無失, 與人恭而有禮'라는 구절에서 군자는 무슨 일을 하든 진지해야 하는데 이는 진심이 있어야 한다는 의미며, 군자는 뜻밖의 실수를 하지 않아야 하는데, 이는 책임을 가리킨다. 또 군자는 다른 이들에게 예의를 다해야 하는데, 이는 유가 정신의 구체적인 표현이다. 이런 사람이라면 사해 안의 모든 사람이 형제가 되지 않을 수 없으리라.

'사해 안의 모든 사람이 형제다'는 인성에 대한 깊은 이해가 숨어 있는 구절임을 알아야 한다. 인성은 마찬가지라 우리나라에서 다른 사람에게 잘해주면 그 사람도 내게 잘해주고, 다른 나라에 가서 다른 사람에게 잘해주면 그 사람도 내게 잘해준다. 다시 말해 사람은 모두 인성이 있고 인성은 선을 향하기에, 당신이 선을 행하면 상대도 당신을 좋아하게 마련이다. 이를 '인성향선人性向善'이라고 한다. 그렇지 않으면 '사해 안의 모든 사람이 형제다'란 말은 실현되기 어렵다. 물론 선을 행할 때는 공경과 존경이 전제되어야 한다. 이 경우 누구나 당신과 친구가 되고 싶어 하며, 형제처럼 막역하게 지낼 수도 있다. 자하는 배움을 게을리하지 않았기에 스승의 말을 잘 기억하고, 종종 동료들의 궁금증도 풀어줬다.

두 번째 일화도 《논어》〈안연편〉에 소개되었다. 번지樊遲는 앞서 소개한 사마우처럼 재능이 뛰어나거나 열심히 노력한 제자가 아니다. 간혹 궁금한 것을 물었으나 스승의 대답을 잘 이해하지 못했으며, 그렇다고 다시 물어보지도 못했다. 그때마다 그는 대신 자하에게 가르침을 청했다.

번지가 공자에게 '인'이란 무엇인지 물었다. 이에 공자가 "사람을 사랑하는 것이다"라고 대답했다. 그러자 번지가 '현명함'이란 무엇인지 물었다. 이에 공자가 "다른 사람을 아는 것이다"라고 말했다. 번지가 무슨 뜻인지 이해하지 못하자, 공자가 다시 대답했다. "곧은 사람을 뽑아 굽은 사람 위에 두면 굽은 사람도 곧아진다."

이 말을 끝으로 수업을 마쳤지만, 번지는 여전히 그 의미를 이해하지 못했기에 자하를 찾아갔다. 자하가 누구보다 공부를 잘했기 때문이다. 자하는 번지의 말을 듣더니 대번에 스승이 한 말이 대단하다며 무릎을 쳤다. "순임금이 천하를 다스릴 때 많은 사람 가운데 고요皐陶*를 뽑아 바른 길을 가지 않는 자들을 멀어지게 했지요. 또 탕왕湯王**이 천

---

* 순임금의 신하로 구관九官의 한 사람. 법을 세우고 형벌을 제정했으며 옥獄을 만들었다고 한다.
** 상商나라를 세운 군주.

하를 다스릴 때 많은 사람 가운데 이윤伊尹*을 뽑아 바른 길을 가지 않는 자들을 멀어지게 했답니다."

다시 말해 위정자爲政者는 정직한 대신을 중용해 좋은 사람을 가려내고 나쁜 사람을 떠나게 할 줄 알아야 한다. 좋은 사람을 등용하면 세상은 자연스럽게 바른 궤도에 올라설 수 있다. 공자와 번지의 간단한 대화를 듣고 이런 도리를 이끌어냈다니, 자하가 대단하다고 하지 않을 수 없다. 자하는 배움이 깊었을 뿐만 아니라, 학문에 대한 기초가 탄탄해 스승의 말씀을 자신의 깨달음으로 확장할 줄 알았다.

스승에게 깨달음을 준 제자

《논어》에서 자하가 뛰어난 면모를 보인 적이 한 번 있다. 공자도 자신에게 깨달음을 주는 사람이 자하라고 공개적으로 칭찬했다. 이런 칭찬은 자하에게 평생의 영광이었다. 그에게 대체 무슨 일이 있었을까? 이 사건은 《논어》〈팔일편八佾篇〉에 나온다.

자하가 " '빙긋 웃는 얼굴이 예쁘고 초롱초롱한 눈이 아름답거늘 어찌 하얀 옷이 눈부시도록 빛나는가'라는 시구는 대체 무슨 뜻입니까?"라고 물었다. 공자가 "그림을 그릴 때는 마지막에 흰색을 칠하는 법이니

---

* 노예 출신이나 탕왕의 천거로 재상이 되어 상나라의 기초를 다졌다.

라"라고 대답하자, 자하가 다시 물었다. "그렇다면 예는 마지막에야 생겨나는 것입니까?" 이 말에 공자가 말했다. "내게 깨달음을 주는 이는 상商(자하)이 너뿐이로다. 이제야 너와 《시경》을 이야기할 수 있겠구나."

이 이야기는 《논어》에서 유명한 일화다. '교소천혜, 미목반혜, 소이위현혜巧笑倩兮, 美目盼兮, 素以爲絢兮'란 시구의 앞 두 구절은 빙긋 웃는 얼굴과 초롱초롱한 눈이 무척 아름답다는 뜻으로 여자의 타고난 미모를 표현한다. 어째서 하얀 옷을 입으면 더 눈부시게 빛날까? 자하는 이 시구가 무엇을 뜻하는지 좀처럼 알 수 없었다. 그런데 공자가 내놓은 대답은 '회사후소繪事後素'뿐이었다. 이 네 글자는 뒷날 여러 가지 잘못된 해석을 낳았는데, 주희朱熹*역시 같은 실수를 저지르고 말았다.

주희는 어째서 잘못된 해석을 했을까? 송나라 때는 흰 종이에 채색을 해서 그림을 쉽게 완성했다. 주희가 하얀 종이에 여러 색을 칠한다고 잘못 해석한 것도 이 때문이다. 그러나 공자가 살던 시대에는 그림을 비단에 그렸다. 고대에는 흰색을 만들기 어려워 하얀 비단이 드물었으며, 대부분 옅은 갈색이나 노란색을 띠었다. 그래서 그림을 그릴 때는 다른 색을 먼저 칠하고 마지막에 흰색을 칠했다. 당시 흰색은 특별한 안료로, 칠하면 빛깔이 도드라져 보였다.

공자는 그림을 그릴 때 마지막으로 하얀색을 칠하라는 말로 수업을

---

* 송나라 유학자로 주자朱子라고도 하며, 주자학을 집대성했다.

마치려고 했다. 이때 자하가 던진 뜻밖의 질문에 공자는 깜짝 놀라며 자하를 크게 칭찬했다. 자하가 '예후호禮後乎'라고 물었기 때문이다. 이 말은 사람이 태어났을 때는 예가 무엇인지 모르다가 예를 배운 뒤에 비로소 예에 따라 산다는 의미다. 이에 공자가 놀라 자신에게 깨달음을 주는 사람은 자하뿐이라며 이제부터 함께 《시경》을 논할 수 있다고 칭찬한 것이다. 자하의 일생에서 가장 자랑스러운 순간이었다.

공자는 어째서 자하가 말한 '예후호'에 그토록 칭찬을 아끼지 않았을까? 보통 사람들은 예를 채색이라 생각하지만, 공자는 예를 흰색이라 생각했기 때문이다. 예가 채색이라면 사람의 탄생을 흰 종이로 볼 수 있고, 이후 교육을 받아 여러 색을 칠하는 것이다. 하지만 이런 생각은 잘못된 것으로, 예는 흰색이며 인성은 선을 향하기에 본래 아름답고 순수한 품성을 갖췄다. 이런 선에 흰색을 칠하면 바로 예가 되며, 그 아름다움을 돋보이게 할 수 있다.

이것이 공자의 사상으로 예는 사람에게 무엇을 억지로 보태는 일이 아니며, 인성은 선을 향하기에 처음부터 아름다운 자질을 품고 있다. 다만 적당한 예는 진심 어린 감정을 드러내며, 감정이 적절히 드러나면 보기에 좋다. '교소천혜, 미목반혜, 소이위현혜'란 시구처럼 흰색은 그 아름다움을 도드라지게 한다. 다시 말해 예는 후천적으로 더해지는 것으로, 흰색이며 선을 향하고자 하는 사람의 타고난 품성을 충분히 드러낸다. 사람에게 진심 어린 감정이 있다면 예를 이용해 적당히 표현함으로써 인성의 아름다움을 아낌없이 보여줄 수 있다.

《역경》에 나오는 '비괘賁卦'에서 '비賁'는 장식품을 말하는데, 진정한 장식품은 결국 희게 해야 가장 아름답다고 한다. 다시 말해 진정한 꾸밈은 외적인 치장이 아니라 내면에서 우러나오는 것으로, 품성이 좋으면 겉은 덜 꾸밀수록 좋다. 이는 유가의 중요한 사상으로, 중국 고대부터 중요한 개념으로 인식되었다. 내면의 성품이 좋지 않다면 겉을 아무리 꾸며도 소용없다. 오히려 그런 성품이 금세 드러나 사람들과 조화롭게 지내기 어렵다. 유가에서 진정한 꾸밈이란 속에서 우러나며, 흰색이야말로 가장 훌륭한 꾸밈이라고 하는 것도 이 때문이다.

《논어》에서 안회도 자하처럼 공자의 극찬을 받은 일이 없다. 이를 통해 자하가 얼마나 배우기를 좋아하고 생각이 깊었는지 확인할 수 있다. 덕분에 우리도 자하를 통해 유가의 사상이 선을 향하는 인성을 얼마나 중시하는지 알았다. "바탕과 꾸밈이 어우러진 다음에야 군자다워진다"는 공자의 말처럼 우리는 인성과 예가 조화를 이루도록 살아야 한다. 다시 말해 예를 배웠다면 근본 없이 화려하게 겉을 꾸미기보다 선을 향하는 인성의 바탕에 적당한 예를 더하는 것이 옳다. 사람들은 배움을 게을리하지 않고 뒷날 좋은 스승이 된 자하에게 감사해야 한다. 덕분에 우리도 큰 깨달음을 얻지 않았는가.

기본에서 시작하는 교육법

자하는 크게 성장해 증삼처럼 반성할 줄 아는 사람이 됐다. 그러나 안타깝게도 자하의 아들은 그보다 일찍 세상을 떠났다. 자하는 자식을 잃은 고통에 슬피 운 나머지 눈이 멀었는데, 이를 '서하지통西河之痛'*이라고 한다. 이 모습을 본 증삼이 "아들이 죽었다고 눈이 멀다니, 부모가 돌아가셨을 때도 이토록 슬퍼하지 않았는데 지금 자네 모습은 지나친 게 아닌가?"라며 충고했다. 이에 자하는 슬픔을 억누르며 자신이 잘못했노라고 순순히 인정했다.

성격이 온순하고 내성적인 자하는 좋은 스승이 되어 훌륭한 제자를 많이 길러냈다. 그의 제자들은 모두 정통 유가의 제자는 아니었으나 전자방田子方, 단간목段干木, 오기吳起같은 훌륭한 인물이 그에게 가르침을 받았다. 하지만 자하는 가르침에 다소 보수적이었다. 《논어》〈자장 편子長篇〉에 실린 자유와 자하의 변론을 살펴보자.

자유가 "자하의 제자들은 청소하고 손님을 맞으며 들고나는 예는 제법 해내는 편이지만, 이는 사소한 일일 뿐이다. 그들이 근본이 되는 도리는 알지 못하니 어찌한단 말인가?"라고 하자, 자하가 대꾸했다. "아! 자유의 말이 틀렸도다! 군자의 도 가운데 어느 것을 먼저라고 해서 전하고, 어느 것을 나중이라고 게을리하겠는가? 이는 초목이라고 종류를 구별해 따로 키우는 것과 같다. 군자의 도를 어찌 함부로 왜곡할 수 있단 말인가? 처음과 끝을 두루 갖춘 이는 성인뿐이다!"

---

* 자하가 서하에 있을 때 자식을 잃고 울다가 눈이 멀었다는 데서 유래한 말로,《사기史記》에 나온다.

자유는 자하가 제자들에게 청소나 손님맞이, 들고나는 예의 등 사소한 일을 가르칠 뿐, 사람이 살아가는 데 필요한 근본적인 도리는 가르치지 않으니 어찌된 일이냐고 꼬집었다. 이 말을 들은 자하는 자신을 변호하듯 성인聖人만 시작과 끝을 돌볼 수 있다며, 보통 사람은 천천히 기본적인 예에서 시작해야 한다고 반박했다. 가장 기본적인 것도 배우지 않고 도리를 배운다면 이상만 높아지기 십상이라는 말이다. 물론 이는 자하의 변명이지만 그만큼 자기 교육법에 자신 있음을 보여주는 예다.

후세 학자에게 영향을 미치다

한나라 시대 이후 대다수 학자들은 유가의 경학經學*이 자하를 통해 처음 전수됐다고 믿는다. 《후한서後漢書》〈서방전徐昉傳〉에 보면 동한東漢 시대 사람 서방徐昉은 "《시》《서》《예》《악》은 공자가 편정編定했으나, 그 장구章句**의 뜻을 밝히는 일은 자하에서 비롯됐다"고 말했다. 그는 《육경六經》이 대부분 자하에게서 전수됐다고 생각했다. 이를테면 자하는 중국 고대 문헌의 계승과 전수에 특별한 공헌을 한 셈이다.

뿐만 아니라 자하가 남긴 많은 어록은 후대의 여러 학자에게 중요한 영향을 미쳤다. 예를 들어 주희가 집필한 《근사록近思錄》도 그의 중

---

* 유가의 경전을 연구하는 학문.
** 글의 장과 구를 아울러 이르는 말.

요한 의견을 많이 담았지만, '가까이 생각하다'란 의미가 있는 '근사近思' 두 글자는 자하의 말에서 빌린 것이다. 《논어》〈자장편〉에 '박학이독지, 절문이근사, 인재기중의博學而篤志, 切問而近思, 仁在其中矣'라는 자하의 말이 나온다. 이는 "넓게 배우되 뜻을 굳건히 하고, 간절하게 묻되 가까이 생각하면 인생의 바른길을 찾을 수 있다"는 뜻이다. 이처럼 자하는 매일 배움을 게을리하지 않아야 한다고 생각했다.

명明나라 말 청淸나라 초의 대학자 고염무顧炎武가 쓴 《일지록日知錄》의 '일지日志'도 자하에게서 따온 것으로, '날마다 알다'라는 뜻이다. 《논어》〈자장편〉에 보면 이 말과 관련된 기록이 있다.

자하가 말했다. "날마다 모르던 것을 알아가고, 달마다 배운 것을 잊지 않는다면 배움을 좋아한다고 할 수 있다〔日知其所亡, 月無忘其所能, 可謂好學也已矣〕." 고염무가 책에 《일지록日知其》이란 제목을 붙인 것도 이 의미를 염두에 두었기 때문이다.

배움을 즐길 수 있는 비결

미국에서 공부를 마치기 전에 은사 위잉스余英時* 교수에게 물었다. "교수님처럼 폭넓게 공부하려면 어떻게 해야 합니까?" 그는 다음과 같은 비결을 알려줬다.

---

* 중국계 미국 학자. 하버드대학교 등에서 교수로 활동한 세계적 역사학자이자 한학자다.

"나는 젊었을 때부터 한 가지 습관이 있다네. 잠자리에 들기 전에 나한테 묻지. '오늘 하루도 다 지났는데 새롭게 배운 것이 있나?' 새로 배운 게 있으면 마음을 푹 내려놓고 편히 잠들었다네. 하지만 새로 배운 게 없으면 서재로 가서 책을 뒤졌지. 예전에 미처 몰랐던 내용을 보다가 문득 그 의미를 깨달으면 그제야 침실로 돌아갔다네. 그렇게 수십 년을 하루같이 하다 보니 지식이 켜켜이 쌓여 학문도 점차 성장하더군."

당대 역사학계를 대표하는 위잉스 교수의 깊이 있는 배움의 비결은 수십 년을 하루같이 이어온 독서다. 이는 자하가 말한 "날마다 모르던 것을 알아가고, 달마다 배운 것을 잊지 않는다면 배움을 좋아한다고 할 수 있다"는 내용과 일치한다.

자하는 배움을 좋아하는 일에 대해 여러 차례 이야기했다. 《논어》〈학이편學而篇〉에 실린 구절을 보자. "아내를 대하는 데 성품을 중시하고 용모를 가벼이 여겨라. 부모를 섬기는 데 할 수 있는 모든 힘을 다하고, 군주를 따르는 데 자기 목숨을 내놓을 줄 알며, 친구와 사귀는 데 약속한 일은 반드시 지켜라. 이런 사람은 스스로 배우지 못했다고 말해도 나는 그에게 배웠노라고 말해줄 것이다."

자하는 이 말을 통해 네 가지 인간관계에 대해 이야기한다.

첫째, 아내의 미색보다 미덕을 중시하면 가정이 더 화목해질 것이라고 충고했다.

둘째, 부모에게 최선을 다해 효도해야 한다.

셋째, 군주에게는 목숨을 바쳐서라도 충성해야 한다.

넷째, 친구와 사귈 때는 자신이 한 말에 끝까지 책임을 져야 한다.

이는 자하가 생각하는 바른 됨됨이의 원칙이다. 이처럼 유가의 사상은 사람과 사람의 상대적인 관계에서 벗어날 수 없다. 이 사회에서 살려면 다른 사람과 관계를 맺을 때 서로 적당한 말과 행동으로 표현할 줄 알아야 한다. 그렇지 못하면 아무리 많은 책을 읽어도 소용없다.

우리는 주위에서 IQ는 높은데 EQ가 낮아 인간관계에서 감정을 제대로 조절하지 못하는 사람들을 종종 보지 않는가. 나는 그때마다 사람들 가슴에 버튼이 하나씩 있으면 좋겠다고 상상한다. 이를테면 출근할 때 '출근' 버튼을 누르면 훌륭한 샐러리맨으로 변신해 일도 잘하고 회사 사람들과도 잘 어울리는 것이다. 집에 돌아와 부모님을 뵐 때는 다시 버튼을 눌러 좋은 자녀로 변신한다. 결혼했다면 가족과 있을 때 버튼을 눌러 좋은 엄마나 아빠가 될 수 있다. 이처럼 완벽한 감정 조절이 어디 있겠는가.

앞서 자하가 한 말에는 우리가 흔히 이야기하는 오륜五倫 가운데 형제 부분을 제외한 나머지 내용이 모두 언급되었다. 자하는 인간관계의 원칙을 충분히 설명했으며, 역할에 따라 '나' 스스로 각각의 요구에 진심으로 대해야 한다고 주장했다.

나는 평소 '인성은 선을 향한다'는 개념을 강조한다. 여기서는 자하가 앞서 한 말을 활용해 '택선고집擇善固執', 즉 선을 택해 굳게 지키려면 어떻게 해야 할지 이야기해보고자 한다. 그러나 선을 택했다고 해도 모든 일이 잘 풀리는 것은 아니며, 오히려 삶이 어려워질 때가 많다. 당신이 선을 택했을 때 행동의 기준을 어디에 둬야 할지 모르기 때문이다. 따라서 선을 택해 굳게 지키려면 유가의 사상을 현실 생활로 확장해 사람들과 교제에 적용해야 한다. 그러려면 다음 세 가지 기준을 반드시 지켜야 한다.

첫째, 어울리는 사람 모두 진심으로 대해야 한다. 여기서 진심이란 그 사람에 대한 내 감정이 어느 정도인지, 그 사람을 도우려고 얼마나 노력하는지, 그 사람을 만족시키려고 얼마나 많은 일을 하는지 등을 의미한다. 이때의 감정은 상대에 따라 그 표현이 달라지게 마련이다. 예를 들어 부모님의 부탁이라면 무슨 일이든 할 수 있지만, 이웃 어르신의 부탁에는 정도 이상 도움을 주기 어렵다. 다른 사람의 부탁을 모두 들어주겠다고 이리 뛰고 저리 뛰다가는 정작 자신의 부모를 돌보지 못한다. 그러므로 사람이 진심으로 대할 때는 자신과 상대의 관계에서 적당한 감정만 드러내야 한다.

둘째, 상대의 기대가 어느 정도인지 파악해야 한다. 상대가 지나치게 많은 요구를 해서 감당할 수 없다면, 할 수 없다고 잘라 말하는 것이 좋다. 하지도 못하는데 억지로 강요하면 후유증이 남을 수밖에 없다. 사람과 사람 사이에서 그토록 많은 불평과 원망이 생겨나는 것도 시작은 강요 때문이다. 예를 들어 당신에 대한 내 감정은 3점에 불과한데, 굳이 4점의 말을 하고 억지로 우겨 5점의 일을 할 경우 상대에게 더 많은 보답을 바란다. 그러나 상대는 당신이 바라는 만큼 기대를 채

워주지 못할 수 있다. 그러다 보면 상대를 탓하고 불만을 터뜨릴 수밖에 없다. 기대가 없으면 불만도 없겠지만, 어떻게 사람과 사람 사이에 기대와 관심이 없겠는가. 본래 기대와 관심은 같이 나타나게 마련이다.

셋째, 사회규범은 모든 사람이 지키기에 적합한 소극적 조건이므로 어기지 않으면 아무런 문제가 발생하지 않는다. 따라서 선을 택해 살 때 이 세 가지 기준만 조화롭게 지키면 원만한 인간관계를 유지할 수 있다.

사람은 왜 사는 동안 끊임없이 자신을 단속해야 할까? 자신을 단속해야 감정적인 면을 포함해 사람들과의 관계에서 적당한 조화를 이룰 수 있기 때문이다. 감정은 진실해야 하지만 지나쳐서도 안 된다. 세상에 다른 사람에게 잘해주고 싶지 않은 사람이 어디 있겠는가. 하지만 모든 사람에게 잘해주기에는 당신에게 주어진 시간과 힘, 정신이 제한적일 수밖에 없다.

실제로 당신이 모든 사람에게 똑같이 잘해주려 하다가는 혼자 감당할 수 없게 된다. 똑같이 잘해준다 해도 어떤 사람은 당신의 관심에 과분해하고 좋아하겠지만, 다른 사람은 여전히 자신에 대한 관심이 부족하다며 투덜거릴 것이다. 유가에서는 사람을 진심으로 대할 때 상대의 요구가 무엇인지 먼저 파악해야 실생활에서 유가 사상을 실현할 수 있다고 한다.

스승은 먼저 모범이 돼야 한다

자하는 배우기를 즐겼고, 좋은 스승으로서 걸출한 제자도 많이 키워냈다. 하지만 유가 사상에 대한 깨달음은 그리 정확하지 않았다. 《논어》〈옹야편〉에 보면 공자가 자하에게 "기백 있고 도량이 넓은 학자가 되며, 지향하는 바가 편협한 학자가 되지 말라(女爲君子儒, 無爲小人儒)"고 말했다는 구절이 나온다.

여기서 '유儒'는 고대에 스승을 가리키는 명칭 가운데 하나며, '학자'란 말로 대신할 수 있다. 공자가 이렇게 타이른 것은 자하가 지나치게 보수적이었기 때문이다. 그래서 자유도 자하가 제자들에게 청소나 손님맞이, 들고나는 예만 가르친다고 지적한 것이다.

공자의 또 다른 제자 자장도 자하를 비판한 적이 있다. 《논어》〈자장편〉에 자하의 제자가 자장에게 친구를 사귀는 도에 대해 가르침을 청하는 장면이 등장한다.

의아하게 여긴 자장이 "자하는 뭐라고 하더냐?"라고 되묻자, 이 제자가 대답하기를 "사귈 만한 가치가 있는 친구는 사귀고, 사귈 만한 가치가 없는 친구는 거절하라"고 했다는 것이다. 이에 자장이 대답했다. "내가 듣던 것과 다른 이야기로구나. 군자는 재덕才德이 뛰어난 사람을 존중하되 보통 사람도 받아들이며, 선을 행하는 사람을 칭찬하되 선을 행하지 않는 사람도 동정한다고 했다. 내가 재덕이 뛰어나다면 어찌 다른 사람을 받아들이지 않겠느냐? 또 내가 재덕이 뛰어나지 않다면 다른 사람이 나를 거절할 텐데 내가 무엇을 믿고 다른 사람을 거절하겠느냐?"

　두 사람의 대화만 봐도 자장이 자하보다 훨씬 고명한 인물이며, 자하가 보수적인 사람이라는 것을 알 수 있다. 자하는 친구를 사귈 때 사귈 만한 사람이면 사귀고, 사귀지 못할 사람이면 멀리하라고 충고했다. 반면 자장은 "뛰어난 사람은 보통 사람을 포용한다"고 말했다. 상대가 뛰어난 사람이면 당신이 꼭 필요하지 않을 수 있다. 오히려 상대가 부족할 때 당신이 그와 친구가 되어 가르침을 준다면 그것이 좋은 사귐의 도라고 하겠다. 자장이 한 말이 일리가 있는 반면, 자하는 지나치게 보수적이라 그릇이 작았다. 공자가 자하에게 '소인유小人儒'는 되지 말라고 타이른 것도 이 때문이다.

　소인과 군자를 구별하는 방식 중 하나를 소개한다. 소인은 본래 어린아이로 몸은 어른과 같다. 그들은 포부가 부족하거나 삶의 올바른 전환이 없다. 반면 군자는 몸이 성장함에 따라 꾸준히 뜻을 세우고 포부를 키워 줄곧 발전한다. 따라서 유가를 배우면 소인과 군자에 대한 개념을 명확히 안다. 사람은 태어났을 때 모두 어린아이, 즉 소인이다. 하지만 몸이 자라면서 뜻을 세워 그 뜻이 자신을 군자로 만들도록 해야 한다.

　나는 사람들에게 유가를 소개할 때 '군자'를 동명사*라고 말한다. 이를테면 '인仁'이란 글자를 명사가 아니라 동명사로 삼는 셈인데, '인을

---

* 명사의 기능을 수행하는 동사 · 형용사.

행함'은 평생 계속되어야 한다. 진정한 완벽은 영원히 이를 수 없으며, 당신이 일생을 마칠 때 비로소 판단이 가능하기 때문이다. 마찬가지로 군자는 동명사로 '나는 군자다'가 아니라 '나는 군자가 될 것이다'를 의미한다. 군자가 된 사람은 있을 수 없기에 '군자'는 기본적으로 동명사라고 할 수 있다. 이를테면 군자는 한 방향으로 천천히 발전해가는 상태로 유아有我에서 무아無我로, 이기利己에서 이타利他로 삶의 경계를 넓혀간다. 그래서 공자는 자하가 '군자유君子儒'가 되길 바란 것이다.

자하가 제자에게 청소나 손님맞이, 들고나는 예를 가르친 것만 봐도 그의 그릇이 크지 않음을 알 수 있다. 하지만 그는 자신이 공자처럼 위대한 학자가 아니란 사실을 잘 알았기에 시작과 끝을 두루 살펴 폭넓은 가르침을 줄 수 있는 사람은 공자와 같은 성인뿐이라고 말한 것이다. 자하는 평생 자기 분수를 알고 성실하게 제자들을 가르쳤다.

그러나 공자는 자하에게 더 큰 기대를 품었다. "글 선생은 얻기 쉬우나 사람 선생은 얻기 어렵다"는 말처럼 교육은 단순히 책을 가르치는 것이 아니라 바른 됨됨이를 가르치는 일이기 때문이다. 스승은 어떤 사람이 돼야 한다고 가르치기 전에 사람들의 모범이 돼야 한다.

마음을 넓혀 공부한다

자하는 배움을 좋아했기에 훌륭한 제자이자 스승이 될 수 있었다. 하지만 공자의 제자로서 더 크게 발전하려면 일반적인 생활 규범만 배우기보다 높은 이상을 품어야 했다. 모름지기 공부하는 사람이라면 고상한 뜻을 세워 포부가 더 높은 곳으로 향하도록 본받고 배워야 한다. 마음을 크게 하지 않고 어떻게 만물을 이해하겠는가. 그래서 송나라의 학자 주희도 공부할 때는 마음을 넓혀야 천하 만물과 나의 관계를 이해할 수 있다고 강조한 것이다.

"자신의 부족함을 노력으로 채우는 끈기"

증삼의 부지런함

4장

증삼
曾參

증자가 말했다.

"선비는 넓은 도량과 굳건한 의지가 없을 수 없다.

그는 무거운 임무를 지고 먼 길을 가야 하기 때문이다.

인을 행하는 것을 자기 책임으로 여기니

이 짐이 무겁지 않겠는가.

죽을 때가 되어서야 걸음을 멈출 수 있으니

이 길이 멀지 않겠는가."

曾子曰 : 士不可以不弘毅, 任重而道遠. 仁以爲己任, 不亦重乎 死而後已, 不亦遠乎

-《논어》〈태백편泰伯篇〉

노나라 사람 증삼은 자字가 자여子輿로, 공자보다 46년 연하다. 공자의 제자 가운데 이름을 널리 알렸으며 효자로, 부자가 모두 공자를 스승으로 모셨다. 증삼의 아버지 증점(증석이라고도 함)은 아무것에도 얽매이지 않았지만, 증삼은 매우 성실해 부자의 성격이나 재능이 완전히 달랐다. 증점은 《논어》에 한 차례 등장하는데, 세상을 깜짝 놀라게 할 말을 남겼다.

진취적이고 포부가 큰 아버지

　공자는 종종 제자들과 포부에 대해 논했는데 자로와 염유, 공서화, 증점과도 그런 이야기를 나눈 적이 있다. 가장 먼저 나선 자로는 군사軍師가 되어 다른 나라가 대적하지 못하도록 한 나라를 책임지고 싶다고 말했다. 염유는 정치가가 되어 작은 나라를 자신에게 맡겨주면 열심히 하겠다고 겸손하게 말했다. 공서화는 외교가가 되고 싶다고 했다.

　이런 포부는 당시 공부하는 사람으로서 당연한 목표였다. 고대에 공부하는 사람들은 대부분 출사해서 백성을 위해 봉사하고 싶어 했기 때문이다. 군사가, 정치가, 외교가라니 듣기만 해도 얼마나 그럴듯하고 훌륭한 포부인가. 다른 제자들이 근사한 포부를 이야기하는 동안 증점은 뭘 했을까? 그는 마치 대화의 배경음악을 담당한 것처럼 슬瑟*을 타고 있었는데, 덕분에 분위기가 부드럽고 독특했다. 이때 공자가 증점에게 포부를 물었다. 이 순간의 모습이 《논어》〈선진편〉에 생동감 있게 표현되었다.

증점이 슬을 타는 소리가 점점 작아지더니, '퉁!' 하며 슬을 옆으로 밀어놓고 자리에서 일어났다. 증점은 자신의 포부가 앞의 세 사람과 다르다고 말했다. "늦은 봄 일찌감치 봄옷을 차려입고 어른 대여섯 명, 아이 예닐곱 명과 기수沂水에 가 목욕을 하고 무우대舞雩臺에서 바람을 쐰 뒤 노래를 부르며 돌아오겠나이다."

이 말을 막 들었을 때는 '무슨 이런 포부가 다 있나' 생각할 것이다. 남들은 구체적으로 어떤 일을 하겠다고 하는데, 증점은 목욕이나 하고 바람이나 쐬다 노래를 부르며 돌아오겠다니 좀처럼 이해할 수 없는 말이다. 하지만 공자는 증점의 말을 듣고 무릎을 치며 감탄했다. "나는 증점의 포부가 마음에 드는구나." 대체 공자는 왜 이렇게 말했을까?

이는 증점의 포부에 천시天時와 지리地利, 인화人和가 모두 담겨 가까운 것에서 즐거움을 느낄 줄 알았기 때문이다**. 여기서 '천시'란 당시 그들이 대화를 나누던 봄으로 멀리 있는 여름이나 가을, 겨울이 아니

---

* 거문고와 비슷하게 생긴 고대 현악기.
** '천시'는 자연의 기후 조건, '지리'는 지리적 환경, '인화'는 인심의 향배를 가리킨다.

다. '지리'도 근처에 있는 기수나 무우대로 장강長江이나 황하黃河처럼 먼 곳을 의미하지 않았다. '인화' 역시 더 많은 사람이 아니라 어른 대여섯 명과 아이 예닐곱 명이 호탕하게 길을 나선다고 했다.

증점의 말 한 마디에 천시와 지리, 인화가 어우러졌으니 어느 때, 어떤 상황에서나 즐거울 수밖에 없다. 사람에게 가장 중요한 것은 즐겁게 사는 일이다. 그럴듯한 포부가 있는 것도 좋지만, 이를 이루려면 누군가가 기회를 줄 때까지 기다려야 한다. 아무도 기회를 주지 않는다면 당신이 아무리 정치에 참여하고 싶어도 평생 뜻하는 바를 이루지 못할 수 있다. 하지만 증점과 같은 포부를 품으면 날마다 즐거울 수밖에 없다. 공자가 "나는 증점의 포부가 마음에 드는구나"라고 말한 것도 이 때문이다.

증점은 공자에게 뜻밖의 칭찬을 받고 으쓱했다. 두 사람이 나눈 대화 뒤의 구절을 보면 이런 모습이 제대로 묘사되었다. 공자가 증점의 포부만 칭찬하자, 나머지 세 제자는 자신들의 대답이 불합격이란 사실을 눈치 채고 금세 교실을 떠났다.

증점이 공자에게 물었다. "스승님, 방금 자로가 말을 마쳤을 때 어째서 웃으셨습니까?" 이에 공자가 "나라를 다스리는 것은 예를 따라야 하는데, 그의 말에 조금도 겸손함이 없어 웃었다"라고 했다. 증점이 다시 "염유가 말한 그 나라는 지나치게 작은 것이 아닙니까?"라고 물었다. 하지만 공자는 "염유는 작은 나라라고 했지만 이는 겸손하게 말한 것일 뿐, 그는 충분히 큰 나라를 다스릴 수 있다"고 했다. 증점이

다시 물었다. "공서화는 제후들의 의례에서 사회 보는 작은 일을 하고 싶다는데, 포부가 지나치게 작지 않습니까?" 이에 공자는 "공서화는 작게 사회를 보고 싶다고 했지만 누가 크게 사회를 볼 수 있겠느냐?" 라고 말했다. 공자는 나머지 세 제자의 답변에 이미 만족한 것이다. 증점은 동료들이 떠난 뒤 연이은 질문으로 자신의 한계를 깨달았다.

100여 년 뒤 맹자는 친구를 사귈 때 세 가지 사람을 고를 수 있다는 공자의 가르침을 언급했다. 가장 좋은 선택은 '중행자中行者'로 말과 행동이 적당해 중용中庸에 어울리지만, 이런 사람은 드물다. 그다음으로 좋은 선택은 '광자狂者'로 진취적이고 포부가 큰 사람을 가리키는데, 맹자는 그 예로 증점을 들었다. 이는 증점이 입버릇처럼 "옛사람을 내 모범으로 삼겠다"고 했기 때문이다. 하지만 증점은 이런 뜻을 끝내 완수하지 못했다. 마지막으로 할 수 있는 선택은 '견자狷者'로 삼가는 일이 많은 사람이다. 나는 이런 공자의 뜻을 본받아 사람에 대한 교육을 보통 세 단계로 구분한다.

첫째, 교육을 받으면 하지 말아야 할 일이 무엇인지 알아야 한다. 격조와 수준이 떨어지는 일은 하지 말아야 한다는 의미다. 교육을 받았다면 무엇이 언행의 높은 기준인지 알기 때문이다.

둘째, 삼가야 할 일은 제외하되 더 발전하기 위해 진취적으로 행동해야 한다.

셋째, 가장 이상적인 단계로 말과 행동이 적당해야 한다. 이런 정리를 통해 맹자가 어째서 증점을 광자라고 칭했는지 이해할 수 있을 것이다.

늘 한결같은 효를 보이다

공자는 제자를 가르칠 때 15세 이상만 거둔다는 규칙을 고수했다. 증삼이 16세 때 공자는 62세였다. 증삼은 공자가 여러 나라를 주유하던 시기에 아버지 증점이 초나라로 부른 덕에 공자의 제자가 될 수 있었다. 모두 알다시피 증삼은 소문난 효자다. 처음에 그의 효도는 유치한 수준이었지만, 점점 발전해 높은 단계에 올랐다. 특히 그는 효도에 관해서라면 결코 배움을 게을리하지 않았다.

젊은 시절 아버지가 때려도 도망가지 않은 증삼은 자신이 얼마나 효자인지 자랑하고 다녔다. 이 말을 전해 들은 공자가 증삼을 불러 물었다. "증삼아, 정말로 아버지가 때려도 도망가지 않느냐?" 이에 증삼이 "예, 저는 효를 다하는 사람이니까요"라고 대답했다. 공자가 그렇게 해서는 안 된다고 하자, 증삼이 깜짝 놀라며 아버지가 때릴 때 도망가야 하느냐고 물었다. 공자가 고개를 저으며 "물론 도망가서는 안 된다"라고 하자, 증삼은 어리둥절했다.

이에 공자가 말했다. "아버지가 굵은 매로 때리는지 가는 매로 때리는지 살펴보아라. 굵은 매로 때린다면 도망가야 한다. 행여 아버지가 너를 때리다가 실수로 상처를 남긴다면 아들을 때린 자라고 비웃음을 살 게 아니냐. 이는 결코 효도가 아니니라. 하지만 아버지가 가는 매로 때린다면 살갗이 조금 까지는 정도일 테니 그냥 맞아도 된다." 증삼은 어느 것이 굵은 매고 어느 것이 가는 매인지 구분하기 어려웠을 것이다. 맞지 않으려고 반항할 때도 있지만, 그때는 한 대 맞은 다음일 수밖에 없다. 증삼은 젊은 시절 순진한 면이 있으면서도 고지식했다. 또 그의 아버지 증점은 나중에 광자라고 불리기는 했으나, 본래 성격이 좋지 않았다. 그 때문에 증삼은 어려서부터 고생했지만 늘 부모에 대한 효도를 잊지 않았다. 맹자가 쓴 책을 통해 그가 얼마나 효자였는지 분명히 확인할 수 있다. 《맹자》〈진심盡心 상〉에 다음과 같은 일화가 소개되었다.

증점이 세상을 떠난 뒤 증삼은 아버지가 즐겨 드시던 대추를 먹지 않았다고 한다. 이 이야기를 들은 맹자의 제자 공손추公孫丑가 "구운 고기와 대추 가운데 무엇이 더 맛있겠습니까?"라고 묻자, 맹자가 "당연히 구운 고기 아니겠느냐"라고 했다. 공손추가 다시 "그렇다면 증삼은 어째서 구운 고기는 먹으면서 대추는 먹지 않은 것입니까?"라고 묻자, 맹자가 대답했다. "구운 고기는 누구나 좋아하지만 대추는 증점이 유난히 좋아한 것이 아니냐? 피휘避諱* 할 때도 이름자(名)를 피할 뿐 성姓은 피하지 않는 법이다. 성은 많은 사람이 함께 쓰고 이름자는 한 사람만 쓰기 때문이다."

* 문장에서 임금이나 높은 사람의 이름자가 나타날 경우 뜻이 통하는 다른 한자를 쓰거나 획의 일부를 생략하는 것.

《맹자》〈이루離婁 상〉에도 증삼이 아버지 증점을 봉양하며 끼니마다 술과 고기를 준비했다는 이야기가 나온다. 상을 물릴 때면 남은 음식을 누구에게 줄지 여쭸으며, 아버지가 남은 음식이 있느냐고 물으면 반드시 있다고 대답했다고 한다. 증삼의 아들 증원曾元은 아버지를 봉양할 때 끼니마다 술과 고기를 준비했으나, 상을 치울 때 남은 음식을 누구에게 줄지 묻지 않았으며, 증삼이 남은 음식이 있느냐고 물어도 없다고 대답했다. 남은 음식을 두었다가 아버지에게 다시 차려드리려고 한 것이다. 맹자는 이를 두고 증삼이야말로 아버지의 뜻을 봉양했다고 칭찬하며 부모를 모실 때는 그와 같이 해야 한다고 말했다. 이처럼 증삼은 효자였지만 아들은 자신과 같이 키우지 못했다.

아버지가 즐겨 드시던 대추를 평생 먹지 않고, 남은 음식마저 다른 사람들에게 나눠주며 아버지를 만족시키려 한 증삼의 효심이 얼마나 대단한지 새삼 깨닫는다. 그의 효성은 세상 사람이 모두 알았으며, 장자 역시 그를 최고 효자로 인정했다. 《장자》〈우언寓言〉에 보면 다음과 같은 구절이 나온다.

증자는 벼슬살이를 두 번 하며 마음이 두 번 바뀌었다. "내가 삼부의 녹을 받고 벼슬을 할 때는 마음이 즐거웠으나 나중에 삼천종의 녹을 받고 벼슬을 할 때는 마음이 슬펐다."

젊은 시절 관리가 된 증삼은 봉급으로 3부釜*를 받았지만, 나중에는 3000종鍾**을 받는 관리가 됐다. 뒷날 그가 받은 대우는 이전과 무려 1만 배 차이가 났다. 증삼은 어째서 대우가 형편없던 때보다 대우가 좋았을 때 슬펐을까? 가난한 시절에는 부모가 곁에 계셔 효를 다할 수 있었지만, 큰 관리가 되어 1만 배나 되는 돈을 벌 때는 정성을 다해 모실 부모가 없었기 때문이다. 증삼은 이처럼 효심이 극진한 인물이다.

한번은 매우 신기한 일도 있었다. 증삼이 밭에서 일하는데 집에 손님이 찾아오자, 어머니가 아들을 부르고 싶어 왼손으로 오른손을 세게 꼬집었다. 밭에 있다가 갑자기 손이 아파진 증삼은 어머니가 자기를 부르신 줄 알고 집으로 뛰어갔다. 이것이 흔히 말하는 텔레파시인데, 진정으로 효를 다할 때 증삼처럼 부모님과 텔레파시가 통하는 별난 일도 생길 수 있는 모양이다.

부족함을 알고 노력으로 채우다

공자는 증삼에 대해 '삼야노參也魯'라고 평가했다. 여기서 '노'는 고지식하고 굼뜨고 반응이 느리다는 뜻으로, 요즘 말로 하면 IQ가 조금 낮다는 것이다. 그래서인지 공자는 제자들을 가르칠 때 그를 예로 든 적이 없다.

---

* 고대의 용량 단위. 1부는 6말 4되.
** 고대의 용량 단위. 1종은 6곡 4두, 즉 64말.

《논어》〈이인편里仁篇〉에 보면 공자가 증삼에게 "나의 도는 하나로 전부를 꿰뚫을 수 있다"고 말했다. 왜 이런 말을 했을까? 이 말이 나온 데는 그럴 만한 배경이 있다. 공자의 제자 중에 자공은 말솜씨가 뛰어나고 두뇌 회전도 빨랐다. 그는 자신의 머리를 믿고 툭하면 남을 지적했는데, 심지어 스승인 공자를 비판하기도 했다. 공자가 폭넓게 많이 배운 데다 기억력이 좋아 외운 내용으로 제자들을 가르친다고 말한 것이다. 이 말을 전해 들은 공자는 자공처럼 똑똑한 제자가 자신을 단순한 선생으로 여긴다는 사실이 몹시 불쾌했다.

《논어》〈위령공편衛靈公篇〉에 이후의 상황이 소개되었다. 공자가 수업 시간에 일부러 자공에게 물었다. "너는 내가 많이 배워서 알 뿐이라고 생각하느냐?" 누군가 자신의 말을 전했다는 사실에 당황한 자공은 "예, 그러면 아니란 말씀입니까?"라고 되물었다. 이에 공자가 "네가 틀렸다! 나는 중심 사상 하나로 내 학설을 전부 꿰뚫을 수 있다"고 힘주어 말했다. 이렇듯 진정한 철학자라면 반드시 자신의 중심 사상이 있어야 한다. 여기서 조금, 저기서 조금 배우면 도서관이나 다름없지 않은가. 철학자는 자신의 사상과 학설을 연결해서 체계를 세우고, 다방면의 이치와 도리에 통달해야 한다.

공자가 '일이관지一以貫之'라고 말한 뒤 안타깝게도 자공은 이에 대한 가르침을 청하지 않았다. 이를테면 자공이 "스승님, 일이관지가 무엇입니까?"라고 물었다면 공자가 분명 그 깊은 뜻을 설명해줬을 텐데, 당황한 자공이 자리를 피하고 만 것이다. 공자는 이를 마음에 두었다가 수업 시간에 다른 제자에게 가르쳐주려 했다. 그때 공자의 눈에 띈 제자가 증삼이다.

당시 증삼은 나이가 어리고 머리가 둔해 '일이관지'라는 말을 이해할 만한 제자가 아니었다. 증삼보다 15년 선배인 데다 머리가 좋은 자공도 이해하지 못하는데, 증삼이 어떻게 이해할 수 있단 말인가. 안회라면 이해했겠지만 그는 유난히 말수가 적었다. 공자가 "나의 도는 하나로 전부를 꿰뚫을 수 있다"라고 말했을 때는 증삼이 "무슨 뜻입니까?"라고 묻길 바랐을 것이다. 하지만 무엇이 옳고 그른지 모른 증삼은 "그렇습니다"라고 고분고분 대답했다.

지나치게 긍정적인 반응에 놀란 공자는 이내 교실을 떠났다. 자신의 말을 이해했다니 달리 가르칠 내용이 없어 자리를 뜬 것이다. 공자가 사라진 뒤 비극이 시작됐다. 공자의 말이 무슨 뜻인지 궁금한 다른 제자들이 증삼에게 물은 것이다. "무슨 뜻인가?" 공자에게 물었어야 할 질문을 오히려 증삼이 선배들에게 듣고 있으니 이런 비극이 어디 있겠는가.

증삼은 공자의 수많은 제자 가운데 자장을 제외하면 가장 나이가 어린 제자였다. 여러 선배들이 앞다퉈 질문하자 으쓱한 증삼은 불쑥 대답했다. "스승님의 도는 충서忠恕일 뿐입니다." 이는 증삼의 개인적인 경험을 바탕으로 한 깨달음일 뿐, 결코 공자가 말하려던 뜻이 아니다.

젊은 시절 누구보다 부지런히 배움에 매진한 증삼은 쉼 없이 노력한 덕분에 뒷날 뛰어난 성과를 거두었다. 《중용》에 보면 이런 증삼에게 딱 맞는 구절이 나온다. "남이 한 번에 할 수 있다면 나는 백 번을 하고, 남이 열 번에 할 수 있다면 나는 천 번을 하겠다. 정말 이렇게 할 수 있다면 어리석은 사람도 똑똑해지며 연약한 사람도 강해질 것이다." 남들이 한 번 읽을 때 나는 백 번 읽고, 남들이 열 번 읽을 때 나는 천 번 읽겠다는 각오로 노력하면 아무리 모자란 사람도 결국 전부 깨달을 수 있다는 것이다.

이는 확실한 배움의 비결로 세상에 빨리 갈 수 있는 길은 따로 없다. 그렇다면 증삼은 나중에도 공자의 '일관지도—貫之道'*를 이해하지 못했을까?《논어》〈태백편〉에 다음과 같은 구절이 나온다.

증자가 말했다. "선비는 넓은 도량과 굳건한 의지가 없을 수 없다. 그는 무거운 임무를 지고 먼 길을 가야 하기 때문이다. 인을 행하는 것을 자기 책임으로 여기니 이 짐이 무겁지 않겠는가. 죽을 때가 되어서야 걸음을 멈출 수 있으니 이 길이 멀지 않겠는가."

증삼은 결국 공자의 '일관지도'를 이해했다. '행인行仁'의 '인'이 그 정답이다. 증삼이 어릴 때 내놓은 '충서'란 대답은 단순히 다른 사람과 어울림을 강조한 것이지만, '행인'은 자기 몸을 바쳐서라도 인을 이룸을 의미한다. 증삼은 젊은 시절 조금 어리석은 사람이었지만, 결국 공자의 학문을 계승할 만큼 대단한 인물이 됐다. 이는 그가 부지런히 공부해서 공자의 '일관지도'를 깨달았기 때문이다.

《논어》〈학이편〉에 증삼의 말이 소개되었다. "나는 매일 나 자신을

* 중심 사상 하나로 전체를 꿰뚫는 도리.

세 번 반성한다. 첫째, 다른 사람을 위해 일할 때 최선을 다했는가. 둘째, 친구와 사귈 때 신용을 지켰는가. 셋째, 제자에게 도리를 가르칠 때 그 의미를 충분히 익혔는가." 증삼은 왜 세 번째 구절에서 제자를 가르친다고 했을까? 그가 이 말을 할 때는 스승이 되었기 때문이다.

증삼이 한 말은 순서가 있다. 처음에는 다른 사람(예를 들어 상사)에 대해 이야기했으며, 다음에는 친구에 대해, 마지막에는 제자에 대해 언급했다. 증삼이 이렇게 매일 자신을 반성한 것은 사람과 사람의 관계에서 자신이 맡은 역할을 잘해내고 싶었기 때문이다. 그래야 자신을 개선해 인생의 바른 길(仁)에 이르고, 선이란 목표를 향해 나갈 수 있다.

평생 신중하고 조심하는 마음

《논어》〈태백편〉에 증삼의 성품이 가장 두드러진 장면이 등장한다. 나이가 많아 병이 난 증삼은 자신이 곧 세상을 떠나겠다는 생각에 제자들을 집으로 불러 말했다. "내 발을 보거라, 내 손을 보거라!《시경》에 '전전긍긍하는 모습이 마치 깊은 연못가를 걷는 듯하고 얇은 얼음 위를 걷는 듯하다'고 하더니 이제야 몸을 해치지 않게 됐다고 말할 수 있도다. 이 점을 잊지 말거라, 제자들아."

증삼은 어째서 제자들에게 이런 말을 남겼을까? 고대에는 형벌이 엄격하고 잔혹해 손발을 자르거나 사지를 못 쓰게 하는 일이 종종 있었다. 증삼은 세상을 떠나기 전, 제자들에게 자기 손발이 온전함을 보여주어 평생 죄를 짓거나 법률적인 형벌을 받지 않았다는 사실을 알려주고자 했다. 그는 제자들이 부모님이 물려주신 몸을 소중히 해 다치지 않으며, 부모님이 주신 생명으로 뛰어난 덕행을 쌓는 사람이 되길 바랐다. 뿐만 아니라 그는 제자들이 《시경》에 나온 말처럼 깊은 연못가나 얇은 얼음 위를 걷는 듯 평생 전전긍긍해야 한다고 생각했다. 그러려면 늘 말과 행동을 신중하고 조심해야 한다.

머리가 아주 좋은 사람이 아니라면 평소 모든 일에 신중해야 한다. 서양철학에서는 덕을 쌓으려면 지혜와 용기, 절제, 정의가 조화를 이뤄야 한다고 하는데, 이는 고대 그리스의 4대 미덕이기도 하다. 여기서 말하는 '지혜'란 총명함에 신중함을 더한 것이다. 다시 말해 총명함으로 부족하며, 신중함이 있어야 진짜 지혜롭다고 할 수 있다. 그렇지 않으면 당신이 아무리 똑똑해도 말을 함부로 내뱉거나 조심성이 없어 일을 그르치는 등 후유증을 만들 수 있다. 그러므로 사는 동안 말과 행동에 신중해야 한다. 증삼은 매사에 신중하고 자신을 단속할 줄 알았기에 많은 사람에게 모범이 되었다.

증삼은 《대학》을 정리하고 《효경孝經》을 지은 것으로 알려졌으니, 유가 사상의 발전에 큰 공헌을 한 셈이다. 《대학》은 특히 '신독愼獨'을 강조하는데, 이는 혼자 있을 때도 신중해야 한다는 뜻이다. 《대학》에 나온 증삼의 말을 빌리면 사람은 "혼자 방 안에 있어도 열 개의 눈이 바라보고 열 개의 손가락이 가리키는 것처럼 행동해야 한다." 혼자 방에 있는데 옆에서 다섯 사람이 지켜본다면 당연히 규범을 잘 지키려 하지 않겠는가.

　군자는 어두운 방 안이라 아무도 당신을 알아보지 못해도 자신을 속여서는 안 된다. 혼자 있다고 함부로 나쁜 짓을 한다면 다른 사람들과 있을 때 엉뚱한 짓을 하지 않으리라고 어떻게 보증하겠는가. 그러니 절대 세상 사람들을 속이려 하면 안 된다. 어차피 완벽한 비밀이란 없으며, 숨기려 할수록 언젠가 드러나게 마련이다.

　증삼이 위와 같은 방법으로 신독을 한 것처럼 우리도 평소 자기만의 방법을 개발해야 한다. 나를 가장 잘 이해하는 사람은 자신이기에 증삼이 그러했듯, 다른 사람이 알려주지 않아도 마음속에 자기의 수가 있어야 하는 것이다. 우리는 종종 내가 무엇을 하는지 남들이 모를 거라고 생각하지만, 하늘이 알고 땅이 알며 자신이 안다. 고대에는 귀신의 존재를 믿었기에 귀신도 안다고 생각했다. 《중용》에도 사람의 마음이 진심인지 아닌지는 귀신으로 증명할 수 있다고 했다. 귀신은 다른 세계에 속하며 사람의 간섭을 받지 않기에 세상 모든 일을 이해할 수 있다고 믿은 것이다.

자기반성의 힘

　간혹 유가의 중심 사상을 인간관계에 두고 예의 바르게 행동하며 사람들과 유쾌하게 지내고 모든 사람을 점잖게 대하면 그만이라고 생각하는 경우가 있다. 그러나 유가의 핵심은 자신을 반성하고 수양하는

데 있다. 그렇지 못하면 언젠가 스스로 피곤해지고, 몇몇 원칙을 지키지 못할 수 있다. 유가의 생명력은 겉으로 드러난 표현이 아니라 내적으로 자기 수양을 어떻게 강화하느냐에 따라 달라진다. 내적 자기 수양은 하늘의 뜻에 의지하거나 진심 어린 깨달음, 많은 사람이 나를 지켜본다는 상상을 통해서 가능하다.

오늘날 언제 어디서나 감시 카메라가 당신을 주시한다. 서양에는 '신이 죽으니 파파라치가 왔다'는 농담이 있을 정도다. 신이 모르는 것이 없듯 파파라치도 모르는 것이 없기 때문이다. 가끔 서양이나 현대 서적에 대해 이야기하다 보면 사람은 자신이 몰래 한 일을 남들이 모르기 바란다는 사실을 알 수 있다. 하지만 이는 불가능한 일로, 득의만만해 자기 분수를 잊어버렸을 때 오히려 남모르는 비밀이 드러나게 마련이다.

증삼이 말하는 수양은 작은 것부터 시작해야 한다. 이는 유가의 수양을 구성하는 중요한 부분으로, 자신에 대한 요구가 엄격해야 제자도 가르칠 수 있다. 맹자는 용감한 판단에 대해 언급하면서 증삼의 말을 인용했다. 《맹자》〈공손추 상〉에 보면 세 가지 용기가 나온다.

첫째, '용감한 저항'을 들 수 있다. 북궁유北宮黝가 대표적인 인물로, "나쁜 소문이 들려오면 반드시 보복했다"고 한다.

둘째, '자신의 요구에 용감한 경우'로 맹시사孟施舍가 대표적 인물이다. 그는 심리적 전술을 사용하는 데 능했으며, 내면의 자신감이 있었다.

셋째, '진정한 용기'로 대표적 인물은 증자다. 그러면서 맹자는 증자가 한 말을 인용했는데, 이는 본래 공자가 한 이야기다.

"스스로 반성해 떳떳하지 못하다면 상대가 가난하고 천한 사람이라도 내 어찌 두렵지 않겠는가? 스스로 반성해 떳떳하다면 상대가 천만의 사람이라도 나는 앞으로 나갈 것이다." 진정으로 용기 있다면 다른 사람과 관계에서 충돌이 생겼을 때 스스로 반성할 줄 알며, 자신이 틀렸다면 상대가 평범한 사람이라 해도 두려움을 느낄 줄 안다. 반대로 스스로 반성했을 때 자신이 옳다면 천만이 가로막는다 해도 늘 그래왔듯 앞으로 나가면 된다. 이런 패기는 도의에서 비롯되며, 도의가 있다면 다른 사람과의 관계에서 옳고 그름, 선과 악을 구별할 수 있다.

증자의 말이 우리에게 의미 있게 다가오는 것은 사회나 세상 사람이 부패한다 해도 당신은 그들을 두려워하지 말아야 하기 때문이다. 당신이 일시적인 조화나 그 조화를 지키기 위해 물러선다면 향원鄕愿*이나 줏대 없는 사람이 되기 십상이다. 충돌을 피하고자 적당히 타협한다면 어떻게 유가라고 부를 수 있겠는가.

증자의 말이 중요하게 받아들여지는 것은 일반적인 유가 사상과 다른 면모를 드러냈기 때문이다. 보통 유가에서는 자신과 '하늘(天)'을 연관시키는 경향이 있는데, "오십이면 하늘의 뜻을 알 수 있다"고 한 공자의 말이 그런 예다. 맹자는 "지금 세상에서 나를 제외하고 누가 있

---

* 겉으로 점잖고 선한 척하면서 뒤로 나쁜 짓을 하고 사람을 속이는 위선자. 공자가 경계해야 할 부류로 지적했다.

겠는가"라고 했는데, 이 말 역시 '하늘이 세상을 잘 다스리려면', 즉 '하늘'을 전제로 했다. 이는 하늘이 세상을 잘 다스리려고 하지 않으면 내가 아무리 노력해도 소용없다는 말이기도 하다. '시간은 사람을 기다려주지 않는다'도 같은 맥락의 예다.

그러므로 이렇게 자신을 반성하는 도덕의 힘은 중요하며, 이 힘만으로도 사람은 언제나 높은 곳으로 향할 기회와 필요가 있음을 느낄 수 있다. 공자 스스로 "서른이면 뜻을 세우고, 마흔이면 미혹되지 않으며, 쉰이면 하늘의 뜻을 알 수 있고……"라고 발전적으로 말한 것처럼 공자의 제자들도 항상 앞으로 나가고자 노력했으며, 인생에는 높은 곳으로 향하려는 바람이 있음을 알았다. 어제보다 오늘이, 오늘보다 내일이 나아지길 바란 것이다. 이는 일종의 덕행을 위한 수양으로, 진심에서 비롯된 힘으로 꾸준히 선을 행하다 보면 본인의 인격도 점차 완벽해질 수 있다. 다만 완벽에는 끝이 존재하지 않는다는 사실을 잊지 않기 바란다.

선인을 계승하고 후대를 가르친다

우리는 무엇보다 증삼의 부지런한 노력을 배워야 한다. 어린 시절 그는 결코 똑똑하지 않았으며, 공자에게 우둔하다는 평가를 받기도 했다. 그러나 그는 꾸준히 노력한 끝에 유가 사상을 전파하는 중요한 인물이 되어 《대학》을 정리하고 《효경》을 집필했다. 이를 통해 그는 공자의 사상이 자사子思*와 맹자에게 이어지도록 했다. 그가 있었기에 유가도 더욱 폭넓게 발전할 수 있었다.

---

* 공자의 손자. 《중용》의 저자로 알려졌다.

"다재다능했지만 원칙을 세우지 못한 반면교사"

염유의 바른 관리 노릇

5장

염유
冉有

공자가 위나라로 향할 때 염유가 마차를 몰았다.

위나라 성에 도착한 뒤 공자가

"위나라에 백성이 많구나!"라고 감탄했다.

이 말을 들은 염유가

"백성이 많아지면 무엇을 해야 합니까?"라고 묻자,

공자가 "그들을 부유하게 만들어야 한다"고 했다.

염유가 다시 "부유해지고 나면 무엇을 해야 합니까?"라고 묻자,

공자는 "그들을 가르쳐야 한다"고 대답했다.

子適衛, 冉有僕, 子曰 : 庶矣哉 冉有曰 : 旣庶矣, 又何加焉 曰 : 富之 曰 : 旣富矣, 又何加

焉 曰 : 敎之

-《논어》〈자로편〉

염유는 원래 이름이 염구冉求, 자字가 자유子有로 공자보다 29년 연하다. 정사과 제자로 공자가 중년에 거뒀으나 사람들에게 많이 알려지지 않았다. 하지만 그는 능력 있는 사람으로 정사과에서 첫손에 꼽는 인물이며, 자로가 그다음이다. 공자의 수많은 제자 가운데서도 염유는 눈에 띄었다. 공자는 다재다능하다는 의미가 있는 '예藝'라는 글자로 그를 평가했다. 실제로 그는 재능이 많은 사람이다.

우리는 그에게 바른 관리 노릇이 무엇인지 배울 수 있다. 아무나 관리가 되는 것도 아닌데 이런 내용을 배울 필요가 있느냐고 물을 수 있지만, 사람은 누구나 상하 관계를 경험한다. 이를테면 회사에 상사와 부하 직원, 학교에 교수와 조교 같은 관계가 존재하지 않는가. 우리는 염유를 통해 제대로 된 관리가 되기 위해 무엇이 필요한지 참고할 수 있을 것이다. 공자의 제자라고 해서 모두 성인聖人은 아니기에 때로는 반면교사反面教師로 삼을 수 있다. 염유는 여러 가지 면에서 부정적인 인물이나, 공자의 제자로서 나름의 역할을 잘 수행했다.

관리로서 지켜야 할 원칙을 망각하다

누군가 공자에게 염유가 관리가 될 수 있을지 물었다. 공자는 염유가 다재다능하기 때문에 관리가 되는 데 큰 문제가 없을 것이라고 대답했다. 하지만 다재다능하다는 것은 일종의 능력을 가리킬 뿐, 원칙을 지킬 수 있다는 뜻은 아니다. 실제로 염유는 관리로서 지켜야 할 원칙을 제대로 고수하지 못했다.

여러 나라를 주유하던 공자는 말년에 노나라로 돌아갈 채비를 했다. 당시 노나라의 국정을 맡은 이는 계환자季桓子의 아들 계강자季康子다. 계환자는 한때 공자를 노나라 평민이 오를 수 있는 최고 자리인 행섭상사行攝相事, 오늘날로 치면 부수상에 올려준 대부다. 하지만 뒷날 제나라에서 보낸 선물 때문에 노정공魯定公*이 공자를 멀리하면서 결국 공자는 관직을 내놓고 여러 나라를 주유했다.

공자가 떠나고 비난을 받은 계환자는 세상을 떠나기 전, 계강자에게 공자를 모셔 와 가르침을 받으라고 당부했다. 그는 공자를 중용하지 않으면 천하 제후들의 비웃음을 살 것이라고 말했다. 공자가 노나라에 돌아왔을 때 계강자는 25세였고, 공자는 나이가 많았다. 계강자는 공자 대신 그 제자 염유를 계씨 가문의 최고 가신으로 삼았다. 그러나 염유는 관리로서 좋은 모습을 보여주지 못했으며, 이 때문에 공자는 몇 번이나 골머리를 앓았다.

《논어》〈팔일편〉에 그 첫 번째 사건이 소개된다. 당시 산동山東 태산泰山에서는 제후들만 제사를 드릴 수 있었다. 계강자는 제후가 아니라 정경正卿**이었기에 원칙적으로 제사를 드릴 수 없었다. 그럼에도 노나라

---

* 계환자가 대부로 있던 당시 노나라를 다스리던 왕.
** 총리급 직위.

임금보다 권세가 있던 계강자는 태산에서 제사를 드리려고 했다. 계씨 가문은 예전에도 조상의 사당 앞에서 팔일무八佾舞*를 공연한 적이 있다. 이 때문에 공자는 당시 대부 계평자季平子**를 여러 차례 날카롭게 비난했다.

고대에는 천자天子만 제사에서 팔일무를 공연할 수 있고, 제후는 육일무六佾舞를 공연할 수 있었다. 그런데 국정을 관리하는 대신에 불과한 정경의 대부 계씨가 조상의 제사에 팔일무를 올리다니, 이는 예의에 한참 어긋나는 일이었다. 예를 중시한 공자는 계씨 가문의 이런 행동이 사회질서를 어지럽힌다고 생각했다. 공자는 계평자의 팔일무 공연을 두고 "이 일도 용인할 수 있다면 무슨 일이든 용인하지 못하겠는가"라고 비난했다. 하지만 계씨 가문의 권력이 워낙 막강해서 공자도 말릴 길이 없었다.

뒷날 계씨 일가는 권력을 남용했으며, 나쁜 짓을 많이 저질렀다는 기록이 남았다. 계씨 가문의 가신이 된 염유는 그들의 권위를 막지 못했다. 앞서 언급했듯이 계강자가 태산에서 제사를 지내려 하자, 공자가 염유에게 물었다. "네가 그를 막을 수 없겠느냐?" 염유는 "제 힘으로는 막을 수 없습니다"라고 답했고, 공자는 "맙소사! 너는 임방林放***도 아는 예를 태산의 신이 모른다고 생각하느냐?"라며 꾸짖었다.

---

* 여덟 줄로 늘어서 공연하는 악무.
** 노나라 소공昭公 때 대부이자, 계환자의 아버지.
*** 공자의 제자. 노나라 사람이며 공문 72현 가운데 하나.

공자가 이렇게 말한 것은 임방이 예의 근본이 무엇이냐고 물은 적이 있기 때문이다. 공자는 겉을 사치스럽고 화려하게 하느니 초라한 편이 낫다고 간결하게 답했다. 이를테면 예 가운데 비교적 중요한 상례喪禮도 겉을 중시하기보다 진심으로 슬퍼하는 것이 진정한 예라 할 수 있다. 이처럼 공자는 겉치레보다 내면의 진심을 중요하게 여겼다.

두 번째 사건은 《논어》〈계씨편季氏篇〉에서 찾아볼 수 있다. 이번에는 상황이 심각해 계강자가 노나라 속국인 전유顓臾를 공격하려 했다. 정사과에서 상위를 다투던 염유와 자로가 당시 계씨 가문의 가신이었다. 공자가 "너희가 주인을 막을 수 없느냐?"라고 묻자, 두 사람은 그럴 수 없다고 말했다. 공자는 매우 상심하며 남을 위해 일할 때는 그가 바른 길을 가도록 도와야 하지 않느냐고 충고했다.

이런 생각은 어찌 보면 순진하고 유치한 이상주의다. 공자는 제자들이 최선을 대해 계강자를 막지 않는다고 생각했다. 그는 바른 관리는 정도에 따라 윗사람을 모시고, 그것이 여의치 않으면 자리를 내놓아야 한다고 믿었다. 하지만 본래 직업이란 찾기는 어려워도 그만두기는 쉬운 법, 대책 없이 사표를 내면 어떻게 한단 말인가? 현재의 직업에 만족하지 못하는 사람들이 많지만, 다른 직업으로 바꾼다고 해서 더 나으리란 보장도 없다. 보통 이런 생각을 하면 현실과 타협하기 쉽다. 고대 사람들이 어떻게 생각했을지 쉽게 예측할 수 없지만, 공자는 염유가 재능은 있으나 지나치게 내성적이고 나약한 사람이라 여겼다.

작은 일만 봐도 염유와 자로는 각각 어떤 관리가 될지 알 수 있었다. 한번은 두 사람이 공자에게 어떻게 정치해야 할지 가르침을 청했다. 자로가 "옳은 말을 들으면 바로 실천에 옮겨야 합니까?"라고 묻자, 공자는 "그래서는 안 되네. 아버지와 형도 있지 않은가. 신중하게 다시 생각하고 실천하지 않으면 자네 혼자 후환을 막기 어려울 걸세"라고 대답했다. 염유도 자로와 마찬가지로 "옳은 말을 들으면 바로 실천에 옮겨야 합니까?"라고 물었다. 그러자 공자가 "그래, 바로 실천에 옮겨야 하네"라고 말했다.

똑같은 질문에 한 명에게는 바로 행동하지 말라 하고, 다른 한 명에게는 바로 행동하라고 주문한 것이다. 공자는 성격이 강하고 적극적인 자로는 여유를, 내성적이고 나약한 염유는 추진력을 갖추기 바랐다. 염유는 윗사람의 뜻에 고분고분한 편이며, 그와 맞설 패기가 부족했다. 충신은 군주를 위해 귀에 거슬리는 말이나 행동도 할 수 있어야 하지만, 염유는 그럴 만한 인물이 되지 못했다. 그 때문에 공자는 염유에게 점차 큰 실망을 했다.

세 번째 사건은 《논어》 〈선진편〉에 나온다. 이번에 공자는 더욱 실망해서 염유와 관계가 끊어질 지경이 됐다.

계강자는 본래 돈이 많아 주공周公*보다 부유했다. 그런데 염유는 그

---

* 주周나라를 세운 문왕文王의 아들이며, 무왕武王의 동생으로 노나라를 세웠다.

의 가신이 된 뒤 더 많은 세금을 걷어 계강자를 훨씬 부유하게 만들어 줬다. 이에 화가 난 공자가 말했다. "여러분, 염유는 이제 내 제자가 아니니 징을 울리고 북을 치며 그를 공격해도 좋네!

공자가 제자들 앞에서 "징을 울리고 북을 치며 공격해도 좋다"고 염유를 비난한 것은 지나친 처사처럼 보이지만, 그에게 자기만의 원칙이 있음을 이해해야 한다. 제자가 매사에 공자를 만족시킬 수는 없다. 그도 취직한 뒤에는 윗사람을 도와서 해야 할 일이 한두 가지가 아니다. 그렇다고 행동에 원칙이 없을 수는 없다. 고대에 공부하는 사람들이 관리가 되려고 한 이유는 백성을 행복하게 하기 위해서다.

공자가 처음 시작한 평민 교육은 일반 백성을 가르치는 일이었다. 《논어》〈선진편〉에 보면 일반 백성은 예악을 배운 뒤에 관리가 될 수 있고, 귀족은 관리가 된 뒤에 예악을 배웠다. 귀족의 자제는 백성과 달리 나면서부터 관직이 있었기 때문이다.

당시에는 두 가지 관원이 있었다. 하나는 예악을 배운 뒤 관리가 된 사람이고, 다른 하나는 관리가 된 뒤 예악을 배운 사람이다. 공자는 이들 중에 인재를 쓴다면 첫 번째 사람을 고르겠다고 했다. 그들은 자신의 특기와 능력으로 관리가 되었기 때문이다. 염유도 본래는 평범한 백성이었다.

공자가 염유에게 실망한 이유는 그가 원래 평범한 백성이었기 때문이다. 일개 백성이 어렵게 예악을 배워 자신의 특기로 관리가 됐으면 그 능력으로 백성을 도와 행복하게 하고, 그들의 생활이 나아지도록 하는 것이 유가의 기본적인 입장이다. 그러나 염유는 공자의 기대를 저버렸다. 사람들이 모두 자기만 생각한다면 굳이 정치하는 관리가 될 필요가 있겠는가. 공자는 고생스럽고 간혹 좋은 결과를 얻지 못해도 관리가 백성을 먼저 생각하는 원칙을 어겨서는 안 된다고 보았다. 유가는 인성론人性論에서 발전했기에 이런 관점은 부인하기 어렵다. 유가의 실천은 사회에 긍정적인 효과를 미쳐야 하며, 사람을 행복하게 만들기 위해 지속돼야 한다.

잘못된 신하의 길을 걷다

염유와 공서화는 절친한 친구인데, 공서화가 노나라를 대표해서 제나라에 간 일이 있다. 당시 재정을 담당한 염유는 공자에게 공서화가 사절이 되어 제나라에 가니, 그의 어머니를 위해 좁쌀을 좀 보내주면 어떻겠느냐고 물었다. 공자는 공서화의 집안 형편이 넉넉하기에 굳이 다른 사례를 할 필요가 없다고 생각했다. 하지만 염유가 자꾸 조르자, "그럼 좋네. 공서화에게 여섯 말 넉 되만 보내주게나"라고 했다. 염유가 조금 더 달라고 하자, "그럼 열여섯 말을 보내주게"라고 했다. 그러나 염유는 공자 몰래 공서화의 집에 곡식 80섬을 보냈다.

80섬은 당시 관리의 1년 치 봉급이며, 공서화가 제나라에 그리 오래 머물지도 않았다. 공자는 공서화가 살찐 말을 타고 가벼운 솜옷을 입고 제나라에 가지 않았느냐며 염유를 꾸짖었다. 공자가 이처럼 화낸

이유는 다른 이들의 긴급한 어려움을 구제하려면 자신을 돌보지 않아야 한다는 유가의 원칙 때문이다. 염유는 기회를 잡아 친한 친구의 편의를 봐주고, 사적인 잇속을 챙기려는 혐의가 분명했다. 염유는 재능은 많았을지 모르나 수단이 좋지 않은 사람이다.

계강자가 노나라 안에서 군사를 움직이려고 할 때도 염유는 말리기는커녕 오히려 세금을 더 걷어 재정을 든든히 해줬다. 계강자가 예를 어기고 태산에서 제사를 지내려고 할 때도 염유는 간언조차 하지 못했다. 염유가 옳지 못한 짓을 할 때마다 공자는 간곡히 타일렀지만, 그의 행동은 공자를 매우 실망시켰다. 공자의 제자일 때 순수하던 염유는 정치를 한 뒤 말만 그럴듯하게 하고 자기 잇속을 챙기는 사람이 됐다.

《논어》〈선진편〉에 계씨 가문의 자제인 계자연이 자로와 염유가 대신이 될 수 있는지 묻는 장면이 나온다. 계자연이 가르침을 청했다. "중유(자로)와 염구(염유)는 대신이라 부를 수 있습니까?" 이에 공자가 "나는 그대가 다른 일을 물을 줄 알았는데 유와 구에 대해 물어보시는구려. 대신이란 정도에 따라 군왕을 모시고, 그것이 어려우면 자리를 내어놓소. 하지만 지금의 유와 구는 맡은 일만 할 줄 아는 신하라 할 수 있다오"라고 대답했다.

계자연의 물음에 공자는 두 사람은 대신은커녕 구신밖에 될 수 없다고 말한다. 다시 말해 두 사람은 전문적인 능력만 갖춘 신하라 실질적인 업무밖에 맡길 수 없다는 것이다. 이를테면 염유는 재정, 자로는 군사 같은 전문 업무는 책임질 수 있지만 대신이 될 수 없었다. 그들은 정도에 따라 임금을 모시고, 그렇게 할 수 없다면 자리를 내놓을 줄 알아야 하는 대신의 기준에서 한참 벗어났기 때문이다.

공자가 염유와 자로가 시키면 무엇이든 복종하는 신하라고 생각한 것은 아니다. "그렇다면 시키는 일을 잘 따르겠습니까?"라는 계자연의 질문에 공자는 "아버지나 임금을 죽이는 일이라면 그들도 따르지 않을 것이오"라고 답했다.

관리가 되는 것은 인생의 목적이 아니라 인생의 이상을 실현하는 일이다. 관리가 백성을 돌보지 못하고 군주를 바른 길로 가게 하지 못하면, 차라리 그만두는 편이 낫다. 이는 지금까지 2000년 넘게 유가에서 지켜온 원칙인데, 공자의 1대 제자 염유 때문에 다소 흠집이 났다. 공자는 염유가 정사과에서 가장 뛰어난 제자였기에 수준 높은 자질을 요구했지만, 염유는 공자의 마음에 들 만큼 좋은 관리가 되지 못했다. 우리는 염유를 보며 바른 관리 노릇을 어떻게 해야 할지 반면교사로 삼을 수 있다. 다른 제자들이 염유처럼 옳지 못한 일을 행하는 관리가 됐다 해도 공자는 그를 비난하라고 말했을 것이다.

정치의 도에 대하여 묻다

공자가 살던 시대는 춘추의 혼란기로, 노나라는 권력이 넷으로 나뉘어 내부의 다툼이 잦았다. 천하도 그리 평화롭지 못해 제나라에서는 진항陳恒(혹은 전상田常)이란 신하가 군주를 죽이는 일이 벌어졌다. 당시 주나라의 천자는 힘이 없어 한 나라의 대신이 군주를 살해하면 제후국들이 힘을 모아 그를 응징해야 했다.

노나라의 고문을 맡은 공자는 이런 상황을 지켜볼 수 없었기에 노애공을 찾아가 다른 제후들과 함께 제나라를 쳐야 한다고 주장했다. 노애공은 노나라의 국력이 제나라보다 약하다며 난색을 보였다. 이에 공자가 다른 세 대부를 일일이 찾아갔지만, 노나라 군주가 죽길 바라는 그들이 도와줄 리 없었다. 진항은 왕위를 찬탈한 뒤, 자신을 공격하자고 주장한 공자를 괘씸히 여겨 노나라로 쳐들어오려 했다.

이상이 당시 정치 상황으로, 기반이 안정적이지 않은 제후국들은 감히 나서서 주나라의 질서를 바로잡기 어려웠다. 노나라뿐만 아니라 천하의 모든 사람들에게 관심이 있던 공자는 이런 상황을 개선하고자 여러 나라를 주유하며 제후들에게 자신의 뜻을 알리기로 마음먹었다. 이때 많은 제자가 공자를 따랐으며, 염유도 예외는 아니었다.《논어》〈자로편〉에 이 내용이 실렸다.

공자가 위衛나라로 향할 때 염유가 마차를 몰았다. 위나라 성에 도착한 뒤 공자가 "위나라에 백성이 많구나!"라고 감탄했다. 이 말을 들은 염유가 "백성이 많아지면 무엇을 해야 합니까?"라고 묻자, 공자가 "그들을 부유하게 만들어야 한다"고 했다. 염유가 다시 "부유해지고 나면 무엇을 해야 합니까?"라고 묻자, 공자는 "그들을 가르쳐야 한다"고 대답했다(子適衛, 冉有僕, 子曰 : 庶矣哉 冉有曰 : 旣庶矣, 又何加焉 曰 : 富之. 曰 : 旣富矣, 又何加焉 曰 : 敎之).

공자의 대답을 통해 알 수 있듯 유가는 결코 돈 버는 일을 반대하지 않는다. 유가는 무조건 돈을 많이 벌지 말아야 한다는 생각은 편견으로, 공자의 제자인 자공 역시 장사해서 큰돈을 벌었다. 공자가 말한 '서庶'라는 글자는 '많다'는 뜻으로 인구가 많음을 가리키며, '부지富之'하라는 것은 백성을 부유하게 만들라는 의미다. 정당한 수단으로 돈을 번다면 이는 분명 좋은 일이다. 부지런히 노력해서 부자가 되어 안정된 생활을 하며, 그 돈으로 자녀를 가르칠 수 있다면 이 역시 좋은 일이다.

공자가 염유에게 알려준 정치의 도는 '서지庶之, 부지富之, 교지敎之'라는 3단계로 나눌 수 있다. 가르친 뒤에는 무엇을 해야 하느냐고 묻는 사람도 있겠지만, 다 배웠으니 하늘나라에 가라고 할 순 없는 노릇이다. 공자는 철학자이기에 가르침까지 언급하는 것이 옳다. 그런 면에서 염유의 질문은 적당했다.

인구가 많아지면 사람을 부유하게 하고, 부유해지면 잘 가르쳐야 한다는 단계 사이에는 일정한 논리적 관계가 있다. 각 단계가 동일한 목적을 향해 발전해간다는 점이다. 여기서 말하는 목적이란 교육받는 것으로, 사실 첫째 조건(인구가 많다)이 만족되지 않아도 둘째 조건(돈을 많이 번다)을 만족시키면 된다. 큰돈을 벌고자 하는 목적은 배움으로 그 자체에 돈이 많이 들지는 않지만, 돈이 생기면 배우고 싶어 한다. 그러므로 열심히 노력해서 돈을 버는 목적은 배움 자체에 있다. 어떤 일을 하든 최종 목적은 배움이어야 인생에 희망이 있다.

사회가 발전하려면 인구가 많아야 하고, 돈을 많이 벌어야 하며, 제대로 된 교육을 받아야 한다. 유가의 이런 논리는 100여 년 뒤 맹자에게서 확실히 드러났다. 맹자는 공자의 사상을 모두 이해하고 더욱 발전시켰다. 물론 맹자가 환상에 빠졌다고 생각한 사람도 많다.

이를테면 《맹자》〈양혜왕梁惠王 상〉에서 맹자는 인정仁政, 즉 어진 정치에 대해 논하며 처음부터 "인자仁者에게는 적이 없다"고 했다. 싸움을 할 때 상대가 쥔 칼이 날카로운지 아닌지 살피지, 누가 그 사람이 인자인지 아닌지 보겠는가. 하지만 조금 깊이 연구하면 "경제적으로 안정되지 않아도 올바른 마음을 지킬 수 있는 사람은 선비밖에 없다. 백성이 경제적으로 안정되지 않는다면 올바른 마음을 지킬 수 없다(無恒産而有恒心者, 惟士爲能. 若民, 則無恒産, 因無恒心)"는 맹자의 말에 근거가 있음을 깨닫는다.

여기서 '항심恒心'은 평생 선을 행하려고 노력하는 마음이다. 이런 마음은 경제적으로 안정되었을 때 생긴다. 제대로 먹지도 입지도 못하는 사람이 어떻게 선을 행할 수 있단 말인가. 반대로 매일 배불리 먹고 풍족히 생활하면 무엇이 바른 사람의 도리인지 이해할 수 있다. 영광이나 치욕도 선을 행하면 영광을 누리고, 악한 짓을 하면 치욕을 당하기 때문에 선을 행하는 것이다. 맹자는 사람은 단순한 동물이 아니기에 배불리 먹고 따뜻하게 입으면서도 배우지 못하면 짐승이나 다름없다고 강조했다. 맹자는 공자 사상의 핵심을 모두 이해했기에 돈이 많고 여유롭게 살면서도 배우지 않는 사람을 짐승과 마찬가지라며 안타까워했다.

그렇다면 사람은 어떤 교육을 받아야 할까? 현대사회는 교육 분야가 세분화되어 통합적인 교육을 받지 못한다. 예를 들어 전문 분야를 공부하는 박사는 지식의 폭이 훨씬 좁아지기도 한다. 그런 의미에서 넓게 안다는 의미가 있는 '박사博士'는 좁게 안다는 의미가 있는 '착사窄士'라고 부르는 편이 옳을지도 모른다. 그가 쓰는 논문은 세계에서 고작 수십 명이 관심을 보일 가능성이 높기 때문이다. 우리는 인생을 폭넓게 고려해 인재人才와 인문人文, 인격人格을 모두 갖춘 사람이 돼야 한다. 특히 정치하는 사람은 백성이 이 길로 향할 수 있도록 이끌어야 한다.

사람은 언제나 원칙과 이익 사이에서 어떻게 균형을 잡을 수 있는지 물어야 한다. 우리는 자신에게 유리한 쪽으로 생각하는 경향이 있는데, 이는 결코 나쁜 일이 아니다. 영국의 어느 철학자가 말했다.

"사람이 좋은 일을 하는 것은 꼭 남의 칭찬을 듣기 위해서가 아니다. 굳이 칭찬을 거부하지 않지만, 좋은 일을 했을 때 스스로 안심이 되기 때문에 그렇게 할 뿐이다. 그러므로 누군가 좋은 일을 하고 칭찬을 받았다면 그의 목적이 칭찬 받는 것은 아니지만, 계속 좋은 일을 할 수 있는 힘이 되기도 한다."

영국은 철학 수준이 높지 않아 역사에 족적을 남긴 위대한 철학자가 거의 없다. 하지만 그들은 실질적인 상황을 중시하는 편이라 실용적인 말을 많이 했다. 반면 독일은 위대한 철학자가 많지만, 지나치게 깊이가 있어 무엇을 하라는 말인지 이해가 안 되는 경우가 많다.

명나라 말 청나라 초에 서양 선교사들이 중국으로 들어왔는데, 그중에 마테오 리치Matteo Ricci도 있다. 천주교 신부인 그는 400여 년 전 중국으로 건너와 선교하며 많은 학자와 교류했고, 이 내용을 로마의 교황에게 편지로 보냈다. 그는 중국의 많은 지식인이 하느님을 믿지는 않지만 도덕적 수준이 매우 높다고 칭찬했다. 이는 일반적인 유학자의 특징을 제대로 묘사한 글이다.

서양에서는 1000년이 넘는 기간 동안 천주교의 세례와 가르침 속에 종교가 도덕의 기초라는 관념이 자리 잡았다. 다시 말해 사람이 좋은 사람이 되고자 함은 그가 하느님을 믿기 때문이다. 하느님은 전지전능한 존재로 당신이 하는 일들을 지켜보며, 세상을 떠날 때 그에 대한 상과 벌을 내린다. 서양에서 종교가 도덕의 기초임은 누구나 아는 상식이었다. 그 때문에 선교사들은 중국의 지식인이 하느님이 전지전능하다고 믿지 않으면서도 좋은 일을 한다는 사실을 특별하게 생각했다. 그들은 중국의 지식인이 《대학》과 《중용》이란 책을 읽으며 깨우친 '신독'이란 두 글자를 중시한다는 사실을 몰랐다. 신독이란 혼자 있을 때도 마음속 신명神明을 떠올리며 자신의 인격을 존중하는 일로, 보여주기 위함이 아니기에 자연스럽게 고상한 말과 행동을 한다. 이런 중국 지식인을 보며 선교사들은 절로 감탄한 것이다.

유가 사상은 선을 행할 때 다른 보답이나 칭찬을 바라지 않으며, 순수하게 내면에서 비롯돼야 한다고 강조한다. 그렇다면 사람은 왜 선을 행해야 할까?

첫째, 사회규범을 지키기 위함이다. 사회는 당신이 선을 행함으로써 사회적 안정에 동참하길 바란다. 그러나 사회규범이 무너질 경우 실천에 대한 구속력이 사라질 수 있다.

둘째, 종교를 믿기 때문이다. 어떤 종교든 내부적 계율로 당신을 구속할 수 있고, 종교의 계율은 당신에게 일반적인 법률보다 훨씬 엄격한 선의 실천을 요구한다. 그러나 모든 사람이 같은 종교를 믿을 수는 없다.

셋째, 자신의 양지良知*를 지키기 위해서다. 유가는 사람들이 저마다 양지를 개발하고, 내면의 소리에 귀 기울이도록 가르친다. 이를 통해 선행이 자신을 위한 일임을 깨닫고, 인격의 존엄이 확립되도록 하는 것이다.

여기서 특별히 강조하는 말은 양지를 지키면서 다른 한편으로 사회 규범과 예를 지키라는 것이다. 선을 행하도록 권하는 종교를 받아들이는 일도 나쁘지 않다. 다만 유가의 근본은 예를 계승하고 인을 일깨움에 있기에, 진심과 양지가 선을 행하는 가장 큰 원동력이 된다.

---

* 타고난 지혜나 지능.

자신의 원칙을 세우고 지켜야 한다

지금까지 염유의 행동거지를 들어 유가의 사상에 대해 이야기했다. 염유는 공자처럼 다재다능한 인물이지만, 내성적이고 나약해서 윗사람인 계강자가 잘못할 때 바른 충고를 하지 못했다. 그 때문에 공자는 염유를 거세게 비난했다. 오늘날 우리는 유가의 올바른 선택을 어떻게 고집할 수 있을까? 이때 필요한 것이 교육인데, 진정한 교육이란 자신을 가르치는 일이다. 현대사회는 매우 개방적이고 자유로워서 당신이 원하면 쉽게 교육받을 수 있고, 많은 기회를 얻을 수 있다. 앞서 염유를 소개할 때 도덕의 실천과 주체의 확립, 인격의 존엄에 대해서 폭넓게 이야기했다. 이를 마음에 새기면 앞으로 사회에서 어떤 동료나 상사, 지도자를 만나도 자신의 원칙을 지킬 수 있을 것이다.

"마음을 쏟아 덕을 실천하는 용기"

염웅의 덕행

6장

중궁이 자상백자에 대해 묻자,

공자가 "괜찮은 사람일세. 일 처리가 깔끔하지"라고 말했다.

이에 중궁이 물었다.

"태도가 엄숙하고 행동이 간소하면

백성을 다스리기에 좋지 않습니까?

하지만 자신에게 대충하고 하는 일도 간소하면

지나치게 간단한 것이 아닙니까?"

그 말에 공자가 "옹의 말이 옳도다"라고 대답했다.

仲弓問子桑伯子. 子曰：可也簡. 仲弓曰：居敬而行簡, 以臨其民, 不亦可乎 居簡而行簡,

無乃大簡乎 子曰：雍之言然

－《논어》〈옹야편〉

공자는 제자가 3000명 있었지만 공개적으로 추천한 제자는 염옹뿐이다. 《논어》〈옹야편〉에 보면 공자가 "옹은 남쪽을 향해 앉아 백성을 다스릴 만하다"고 칭찬했다. 고대에 남쪽으로 앉을 자격이 있는 사람은 세 종류로 천자와 제후, 제후국의 정경(대신이나 재상)뿐이었다. 공자는 염옹을 그럴 만한 자격이 있는 사람으로 꼽은 것이다. 노나라 사람 염옹은 자字가 중궁仲弓이며, 공자보다 29년 연하다. 덕행과 제자로 염옹이란 이름보다 중궁으로 많이 알려졌다.

덕행과에는 뛰어난 제자 넷이 있었다. 첫째가 안회, 둘째가 민자건閔子騫, 셋째가 염백우冉伯牛, 넷째가 염옹이다. 공자가 그에게 남쪽을 향해 앉아 백성을 다스릴 만하다고 한 것을 보면 덕행이 얼마나 뛰어난 인물인지 알 수 있다. 이런 사람은 바른 관리로 살기에 아무런 문제가 없다. 사회가 발전하려면 덕행을 바탕으로 사람과 사람 사이의 동일한 목표를 향해 나가야 하기 때문이다. 이 목표는 바로 선이며, 이를 목표로 할 때 사회가 계속 발전할 수 있다.

민자건과 염백우

먼저 덕행과 제자 민자건과 염백우를 간단하게 소개한다. 두 사람 모두 덕행에 관한 한 뛰어난 인물이기 때문이다.

민자건은 《이십사효二十四孝》*에 소개된 효자로 어린 시절의 일화가 유명하다. 어린 시절 어머니를 잃은 민자건은 얼마 뒤 새어머니를 맞았다. 새어머니는 아버지와 사이에서 남동생 둘을 낳았다. 어느 추운 겨울날, 외출할 일이 생긴 아버지가 민자건에게 마차를 끌어달라고 부탁했다. 마차 바퀴는 좀처럼 움직이지 않았고, 아버지는 유난히 떠는 자건을 보았다. 의아한 아버지가 자건에게 다가가 살펴보니 옷 안에 추위를 막을 수 없는 갈대꽃이 잔뜩 있었다.

아버지는 아내가 자기 자식들은 솜옷을 입히면서 전처의 자식인 자건에게 얇은 옷을 입혔다는 사실에 노발대발하며 당장 쫓아내려고 했다. 이때 민자건이 아버지를 막아서며 오늘날까지 사람들에게 회자되는 감동 어린 말을 했다. "어머니께서 계시면 한 아들이 춥지만 어머니께서 가시면 세 아들이 헐벗게 됩니다." 이렇게 효성이 지극한 아들이라면 그 덕행이 얼마나 대단했을지 쉽게 짐작할 수 있으리라.

《논어》〈선진편〉에 보면 공자가 "민자건의 효심이 대단하구나! 그의 부모와 형제가 하는 칭찬에 이의를 다는 사람이 아무도 없도다"라며 그를 칭찬했다. 보통 자기 가족을 칭찬하면 다른 사람들이 믿지 않는 경향이 있는데, 민자건은 그렇지 않았다. 그는 모든 사람이 아는 효자였기에 그의 가족이 칭찬하면 다들 고개를 끄덕였다.

민자건은 윗사람이 바르지 않으면 그 아래에서 벼슬조차 하지 않았

---

* 중국의 유명한 효자 24명의 전기와 시를 적은 교훈서.

다. 당시 노나라는 권력이 넷으로 나뉘었으며, 계씨 가문의 권력이 가장 컸다. 계강자가 일찍이 민자건의 효심에 대해 듣고 그를 비읍費邑의 읍장으로 임명하려 했다. 이 소식을 전하러 온 이에게 민자건은 "저를 위해 그런 명은 거둬주십시오! 누군가 또 저를 찾아온다면 문수汶水 이 북으로 도망갈 것입니다"라고 단호히 거절했다. 그는 노나라에서 도 망갈지언정 관리가 되려고 하지 않았다.

이런 극단적인 반응은 민자건의 강직한 성품과 관련 있다. 계강자는 노나라 임금인 노애공에게 충성하지 않는 데다, 국가의 통일에 보탬 이 되지 않았다. 자신이 그런 인물을 위해 일한다면 노나라에 무슨 이 득이 있겠는가. 이처럼 민자건은 일신의 안위보다 나라를 먼저 생각한 사람이다.

《논어》〈선진편〉에 보면 노나라 임금이 정부의 창고를 증축하려 하자, 민자건이 굳이 그럴 이유가 무엇이냐고 말했다. 창고를 넓혀 세금을 더 걷기보다 백성을 돌보는 편이 낫다고 여긴 것이다. 민자건의 말을 전해 들은 공자는 "민자건은 말을 잘 하지 않지만 말을 하면 반드시 핵심을 찌른다"고 칭찬했다. 《논어》에 소개된 민자건의 이야기는 이 정도다. 더 자세히 알고 싶다면 패관야사稗官野史 같은 자료를 찾아 보면 되는데, 신빙성은 그리 높지 않다.

염백우에 관한 자료는 《논어》에 겨우 한 차례 나온다. 그것도 염백 우가 위중한 병에 걸려 공자가 문병하는 장면이다. 공자는 염백우의 방에 들어가지도 못하고 창문 너머로 그의 손만 잡아준다(아마 전염병에 걸린 모양이다). 공자는 슬픈 기색으로 제자들에게 말했다. "우리는 이 학우를 곧 잃을 것 같네. 이렇게 좋은 사람이 이토록 몹쓸 병에 걸리다니 이는 명命이 아니겠는가!"

공자는 평소 '명'이란 말을 거의 언급하지 않았다. 흔히 '명'이라고 하면 우리는 두 가지 단어를 떠올린다.

첫째, 운명으로 어떤 가정에서 태어나 성장하고 어떤 선생님이나 친구를 만날지 등은 선택이 불가능하기에 나 스스로 어떻게 할 수 없다. 그러나 모든 일에 운명만 있는 것은 아니다.

둘째, 사명使命으로 사는 동안 주동적으로 생각하고 선택해서 한 가지 목표를 향해 달려가는 것이다. 이런 사명으로 세상을 바꿀 수 없을지라도 나 자신은 바꾸려고 해야 한다. 자신을 바꾸면 세상도 어느 정도 바꿀 수 있다.

공자가 중병에 걸린 염백우를 보며 '명'이라 한 것은 어쩔 수 없는 운명을 뜻한다. 덕행과의 네 제자 중 안회 역시 이른 나이(41세)에 세상을 떠났다. 공자는 이런 안회를 두고 "불행히도 명이 짧아 죽고 말았다"며 안타까워했다. 인생에서 어떤 일은 사람의 힘으로 어쩔 수 없기에 그대로 받아들이고 이해해야 하지만, 거기에 발목이 잡혀서는 안 된다. 이를테면 명이 길지 않다고 덕을 쌓는 일을 게을리해서는 안 된다. 그런 식으로 하루하루 헛되이 보내면 결국 사회를 위해 봉사할 기회를 잃고 만다. 우리는 주어진 현실에 최선을 다해야 한다. 물론 안회나 염백우 같은 인재가 수명이 길었다면 유가 사상을 사회에 전하며 더 많은 봉사를 할 수 있었을 것이다.

염백우는 중병을 앓는 모습으로 《논어》에 고작 한 번 등장하고, 민자건은 지나치게 강직한 사람이라 나쁜 사람과는 일도 함께 하지 않았다. 이제 공자가 "남쪽을 향해 앉아 백성을 다스릴 만하다"고 칭찬한 중궁만 남았다. 공자는 어째서 중궁이 한 나라의 재상이 될 만하다고 했을까?

덕을 행하는 데 있어 조건은 중요치 않다

중궁은 출신 배경이 좋지 않다. 그의 아버지는 평범한 사람이며, 아주 가난했다는 말도 있다. 하지만 공자는 가난이 큰 문제가 되지 않는다고 생각했으며, 자신도 어린 시절에는 가난했고 사회적 신분이 낮았다고 말했다. 공자는 중궁의 보잘것없는 출신에 대해 이야기하며 비유를 들어 설명했다. 고대 사람들은 말할 때 비유 드는 것을 좋아했는데, 좀더 깊이 있고 그 의미에 대해 다시 생각할 수 있기 때문이다.

이 일은 《논어》〈옹야편〉에 소개되었다. "논밭을 가는 소의 새끼라도 털이 붉고 곧은 뿔이 났다면 제사에 쓰지 않으려 한들 산천의 신이 가만히 놔두겠느냐?" 고대에는 제사 지낼 때 가장 좋은 소와 돼지를 제물로 올렸는데, 털이 붉은 소가 이에 해당한다. 공자가 굳이 소를 예로 든 것은 중궁처럼 덕행이 뛰어난 인재가 출신이 형편없다고 관리가 되지 못한다면 백성에게 낯이 서지 않는다는 말을 하기 위해서다. 나라가 어찌 이렇게 훌륭한 인재를 놓칠 수 있단 말인가. 공자는 출신 배경과 상관없이 중궁을 신뢰했다.

좋은 인재는 출신을 두려워해선 안 된다. 좁고 지저분한 개천에서도 용이 나온다고 하지 않는가. 중궁은 뛰어난 덕행으로 모두 인정하는 인재가 되었다.

또 중궁은 말솜씨가 뛰어나지 않은 편이었는데, 어떤 이는 중궁이 "인덕은 있지만 말솜씨는 별로"라고 말했다. 사람들은 이를 큰 문제라고 생각했으나 공자는 그렇게 여기지 않았으며, 《논어》〈공야장편〉에서 다음과 같이 말했다.

"굳이 말솜씨가 좋아야 하는가? 말을 잘하는 사람은 남과 다툴 때 종종 미움을 살 뿐이다. 중궁이 인을 행하는지는 모르겠으나 굳이 말솜씨가 좋아야 하는가?"

우리 주변을 봐도 말솜씨가 뛰어난 사람은 많은 사람의 눈총을 받게 마련이다. 무슨 말을 해도 자기만 옳은 소리인지라 공자도 이런 사람을 좋아하지 않았다. 또 중궁이 말을 잘 못한다고 해서 깔보는 것은 옳지 않다. 공자는 바른 됨됨이는 진심이라고 생각했다.

그런데 공자는 어째서 중궁이 인을 행하는지는 잘 모르겠다고 했을까? 중궁은 덕행과 서열 네 번째 제자로, 그가 인을 잘 실천하는 사람인지는 공자도 확신할 수 없었다. 《논어》에 보면 공자는 살아 있는 사람에게 완벽히 인을 실천한다고 칭찬한 적이 없다. 그만큼 인에 대한 공자의 기대치가 높았기 때문이다. 《논어》〈술이편〉에 보면 "내가 어찌 성인과 인자가 될 수 있겠는가?"라고 말했다.

인자가 되기 어려운 이유는 뭘까? 공자는 '인'이란 글자를 완성된 상태가 아니라 진행 중인 상태로 여겼기 때문이다. 사람은 사는 동안 끊임없이 인을 행해야 한다. 살아 있다면 더 높은 목표를 향해 뛰어야 하는 것이다. 공자는 "서른이면 뜻을 세우고, 마흔이면 미혹되지 않으며, 쉰이면 하늘의 뜻을 알 수 있고, 예순이면 귀가 순해지며, 일흔이면 마음 내키는 대로 해도 도리에 어긋남이 없다"고 말했다.

하지만 공자가 여든이나 아흔 살까지 살았다면 더 높은 목표를 세웠을 것이다. 그러므로 유가의 높은 목표에 의심을 품을 필요가 없다.

안타깝게도 《논어》에는 공자의 사상이 생각보다 많이 실리지 않았다. 어찌 보면 스승의 사상을 글로 써서 후세에 전하는 일에 힘쓰지 않은 공자의 제자들을 탓해야 할지도 모르겠다. 그러나 100여 년 뒤 나타난 맹자는 누구보다 공자의 사상을 명확히 전달한 인물이다. 《맹자》에 "진정으로 위대해 사람들을 감동시키는 것을 성스럽다 하며, 성스러워 남들이 알 수 없는 것을 신령하다고 한다(大而化之之謂聖 聖而不可知之之謂神)"는 구절이 있다.

여기에서 눈여겨볼 말은 '불가지지不可知之'로 유가 사상 가운데 가장 뛰어난 개념이다. 사람은 태어났을 때 평범하기 그지없다. 하지만 뒷날 사람은 저마다 다른 모습으로 자란다. 이런 사람과 사람의 차이는 어디에서 나타날까? 바로 남보다 많이 덕을 쌓고 선을 행해 '알 수 없는 입신의 경지(불가지지)'에 이를 때 나타난다.

불교는 깨달음의 최고 경지인 '불가사의不可思議'에 대해 논하길 즐긴다. '불가사의'란 사람이 상상조차 할 수 없는 것을 가리키는데, 본래 사람은 상상할 때 관념을 사용하고 관념은 일상적인 경험에서 비롯될 수밖에 없다. 일상적인 경험은 모두 상대적으로, 내가 본 것을 가지고 무엇이라고 말하게 마련이다. 반면 상상조차 할 수 없는 것은 결코 쉽게 논할 수 있는 대상이 아니다. 그 때문에 공자는 어떤 제자가 완벽히 '인'을 실천한다고 말할 수 없었다. 그만큼 '인'이란 관념은 복잡하고 이해하기 어려운 대상이다.

공자는 종종 '인'에 대해 이야기했고, 제자들도 '인'이 무엇이냐고 자주 물었다. 공자는 제자에 따라 서로 다른 대답을 제시했다. 이처럼 '인'은 정해진 답이 없기에 시험을 본다면 명확히 정의할 수 없을 것이다. 많은 사람이 '인'이란 무엇인지 추측할 때 공자는 한 번도 어느 제자가 인을 실천한다고 말하지 않았다.

노나라의 대부 맹무백孟武伯이 "자로는 인을 행하기에 적합한 사람이오?"라고 묻자, 공자는 "잘 모르겠습니다"라고 답했다. 이때 공자가 '아니다' 대신 '모르겠다'고 답한 이유는 '인'을 실천하는 것이 지극히 개인적인 일인 데다, 인간의 최고 목표이자 완벽한 경지인 '인'에 이를 수 있는 사람이 거의 없기 때문이다. 반면 노나라의 다른 대부 계강자가 "자로는 정치를 할 수 있는 사람이오?"라고 물었을 때, 공자는 "자로는 결단력이 있어 정치하기에 아무 문제가 없습니다"라고 답했다. 계강자가 "자공은 정치를 할 수 있는 사람이오?"라고 물었을 때도 "자공은 사리에 밝은 사람이라 정치하기에 아무 문제가 없습니다"라고 답했다.

맹무백이 "자공은 인을 행하는 기준에 도달한 사람이오?"라고 물었다면, 공자는 "잘 모르겠습니다"라고 답했을 것이다. 뿐만 아니라 계강자가 "염유는 정치를 할 수 있는 사람이오?"라고 물었을 때 "염유는 다재다능한 사람이라 정치하기에 아무 문제가 없습니다"라고 답했지만, 맹무백이 "염유는 인을 행하기에 적합한 사람이오?"라고 물었을 때는 "잘 모르겠습니다"라고 답했다.

이처럼 정치는 보통 사람도 고유한 재능이 있으면 가능하지만, '인'을 실천하는 것은 인격이 전환되고 전체 삶이 완성되어야 하기 때문에 결코 쉽지 않다. 그래서 공자는 한 번도 공개적으로 어떤 제자가 인을 행하는 데 적합하다고 칭찬하지 않은 것이다. 공자가 남쪽을 향해 앉아 백성을 다스릴 만하다고 치켜세운 중궁이라도 인을 행하기에 적합한 사람인지는 알 수 없는 노릇이었다. 유가는 진심과 실사구시實事求是*를 강조하기에 굳이 말솜씨가 좋아야 할 필요가 없다. 이를테면 공자의 제자 중에 재아나 자공은 변론과 말하기를 좋아했지만, 간혹 때와 장소에 적합하지 않은 말을 해서 곤경에 처했다.

모든 일의 근본은 덕행으로 다른 어떤 조건도 장애물이 될 수 없다.

---

* 사실을 바탕으로 진리를 탐구하다.

그저 덕행을 실천하고 올바른 인성을 추구하다 보면 원만하고 즐겁게 살 수 있다. 사람은 사는 동안 자신에게 '나는 즐겁게 사는가?' '내 인생은 원만한가?' 질문하게 마련이다. 유가는 두 문제에 정확한 답이 있기에, 당신이 유가 사상을 받아들인다면 분명 즐겁고 원만하게 살 수 있을 것이다. 이후에는 중궁이 인을 실천하는 점을 강조하고자 한다.

좋은 관리가 되기 위한 세 가지 비법

뒷날 중궁은 공자의 추천으로 계씨 가문의 가신이 됐다. 《논어》 〈자로편〉에 다음과 같은 장면이 등장한다.

> 중궁이 계씨의 가신이 되어 정치에 대해 묻자, 공자가 "유사에 앞서 모범을 보이고, 작은 잘못을 용서하며, 현명한 인재를 추천하라"고 답했다. 이에 중궁이 "현명한 인재는 어떻게 알고 추천할 수 있습니까?"라고 묻자, 공자가 "네가 아는 사람 중에 추천하라. 네가 모르는 사람이라면 그를 아는 다른 사람들이 내버려두겠느냐"라고 대답했다(仲弓爲季氏
> 宰, 問政, 子曰 : 先有司, 赦小過, 擧賢才. 曰 : 焉知賢才而擧之 子曰 : 擧爾所知, 爾所不知, 人其舍諸)."

어떻게 해야 좋은 관리가 될 수 있을까? 공자는 좋은 관리가 되기 위해 고려해야 할 세 가지 사항을 짚어줬다. 정치를 하고 싶다면 공자가 중궁에게 이른 세 가지 비법을 염두에 둬야 한다.

첫째, '선유사先有司'는 아랫사람에게 일을 맡길 때 솔선수범하라는 뜻이다. 여기에서 '유사'는 각급 관원을 가리킨다. 윗사람이 나서서 모범을 보이면 아랫사람도 자연스럽게 그를 따른다. 반대로 남에게 시키기만 하고 자신은 하지 않으면 아랫사람이 고생은 우리가 하고 공은 윗사람이 챙긴다고 생각할 수밖에 없다.

둘째, '사소과赦小過'는 아랫사람의 사소한 잘못을 따지지 말라는 뜻이다. 아랫사람이 작은 잘못을 저질렀다고 자나 깨나 마음에 두는 사람은 평생 희망이 없다. 세상에 완벽한 사람은 없기에 누군가 잘못을 하면 만회할 기회를 줘야 한다. 무엇보다 실수를 고치려고 노력하는 자세를 소중히 여겨야 한다. 그런 사람은 겸손히 자신을 낮출 줄 알며 다른 사람의 고통을 이해하기에 높은 자리에 오르면 사람들을 위해 더 열심히 봉사하려는 바람을 품는다.

'사소과'의 예로 들 수 있는 이야기가 《장자》〈서무귀徐無鬼〉에 있다. 공자는 관중을 전폭적으로 지지했지만, 그가 재상이 된 데는 친구 포숙아의 추천이 큰 작용을 했다. 관중은 본래 제나라 환공의 정적으로, 환공이 포숙아의 건의를 받아들이지 않았다면 제나라의 재상이 되기 어려웠다. 세월이 한참 흘러 나이가 많아진 관중은 병에 걸려 죽음을 눈앞에 두었다. 이에 환공이 "중부仲父,* 불행한 일이 생긴다면 자네 자리에 누굴 앉히는 게 좋겠나?"라고 묻자, 관중이 "공께서는 어떻게 생

---

* 제나라 환공이 관중을 높여 부른 이름.

각하십니까?"라고 되물었다. 환공이 기다렸다는 듯 "포숙아는 어떤가?"라고 말했다. 포숙아는 재상이 되고자 했다면 진작 되었을 인물이다.

관중은 뜻밖에도 자신을 천거한 포숙아를 반대했다. 자신은 반평생을 재상의 자리에 앉았으면서도 친구를 재상감으로 반대한 것이다. 환공은 믿을 수 없다는 듯 이유를 물었다. "포숙아에게는 한 가지 단점이 있습니다. 누군가 잘못하면 평생 그것을 기억하니 이 어찌 두려운 일이 아니라 하겠습니까." 포숙아가 재상이 된다면 환공의 잘못을 보고도 평생 마음에 둘 텐데, 이를 견딜 수 있겠느냐는 의미다.

공자가 칭찬한 현자賢者 백이와 숙제는 "다른 사람이 전에 저지른 잘못을 기억하지 않았기에 다른 사람도 그들에 대한 원망이 적었다"고 한다. 우리도 다른 사람의 잘못을 용서하고 이해할 줄 알아야 한다. 잘못을 저지른 사람도 나름대로 상황이 있고 유혹을 이기지 못한 것일 수 있으니, 자신의 기준으로 상대를 판단해서는 안 된다. 유가는 자신에게 엄격하되 다른 사람에게 가능한 한 관용을 베푸는데, 이는 사람마다 상황이 다르기 때문이다.

공자는 중궁이 사소한 잘못은 용서할 줄 알아 훌륭한 관리가 되길 바랐다. 뒷날 중궁은 공자의 바람대로 작은 실수에 눈감을 줄 아는 사람이 됐다. 《예기》에 보면 자공이 중궁에 대해 "가난해도 집에서 손님처럼 있었고, 부하에게 명령을 내릴 때도 뭔가 빌리는 듯했으며, 화를 옮기지 않았고, 원한을 깊이 새기지 않았으며, 잘못을 일일이 기억하지 않았다〔在貧如客, 使其臣如借, 不遷怒, 不深怨, 不錄舊罪, 是冉雍之行也〕"고 묘사했기 때문이다.

첫째, '재빈여객在貧如客'이라. 중궁은 가난해도 집에서 손님처럼 있었다. 이는 무슨 의미일까? 자기 집이 가난해 다른 친구의 집에 가서 손님이 되어도 그의 부를 부러워하지 않았다는 것이다. 마찬가지로 친구의 집이 가난해도 크게 신경 쓰지 않다. 중궁은 어느 곳에 있든 손님처럼 주변의 상황을 마음에 두지 않았는데, 이 점은 공자의 뛰어난 제자였던 안회와 비슷하다.

둘째, '사기신여차使其臣如借'라. 중궁은 부하에게 명령을 내릴 때도 뭔가 빌리는 것처럼 예의가 발랐다. 우리는 돈을 빌릴 때 최대한 완곡하게 이야기하지 않는가. 중궁은 부하를 부리는 윗사람이지만 돈을 빌리는 것처럼 예의를 잊지 않았다. 그는 솔선수범하는 사람이기에 자신이 하지 않으면서 남에게 시키려면 상대의 의향과 기분을 고려해 더 조심해야 한다고 생각했다.

셋째, '불천노不遷怒'라. 중궁은 자기 화를 남에게 옮기지 않았다. 이를테면 이 사람과 싸우고 다른 사람에게 화내는 법이 없었다.

넷째, '불심원不深怨'이라. 중궁은 다른 사람에 대한 원한을 깊이 새기지 않았다. 사람과 사람이 지내다 보면 원한이 생기지 않을 수 없지만, 그는 이를 크게 신경 쓰지 않았다.

다섯째, '부록구죄不錄舊罪'라. 중궁은 지나간 잘못을 일일이 기억하지 않았다.

이제 본래 이야기로 돌아가자. 좋은 관리가 되기 위한 셋째 비법은 '거현재擧賢才'로 뛰어난 인재를 추천하라는 뜻이다. 공자의 말에 중궁은 "누가 뛰어난 인재인지 어찌 알고 추천한단 말입니까?"라고 물었다. 세상에 수많은 인재가 있는데 그중에 누구를 추천한단 말인가. 공자는 이 질문에 일상적인 경험을 바탕으로 합리적인 답을 내놓았는데, 아는 사람 가운데 추천하라는 것이다. 어차피 관리는 하나가 아닌데, 내가 모르는 인재가 있다면 그를 아는 다른 사람이 추천하게 마련이다.

하지만 이 말은 나중에 큰 후유증을 낳았다. 한 사람이 권세를 잡으면 주위 사람들까지 덕을 본다는 인식도 이와 관련 있다. "아는 사람을 추천하라"는 공자의 말이 문제가 된 것이다. 예를 들어 내가 학생들을 가르치는 선생인데, 어느 날 장관 자리에 앉는다면 내 제자들은 뜻밖의 행운을 누릴 수 있다. 함께 일할 부하 직원을 선발할 때 내가 아는 제자를 기용할 가능성이 높지 않은가. 반면 부하 직원이 모르는 사람이면 마음이 놓이지 않기 때문에 다른 기회를 주고 천천히 검증하려 할 것이다. 이는 인지상정이지만 누군가 관리가 됐다고 제자와 친구, 친척을 몽땅 데려다 자리에 앉히는 모습을 보면 불공평한 처사라고 생각하기 쉽다.

입장을 바꿔 당신이 관리가 됐다면 어떨까? 부하 직원으로 모르는 사람만 기용할 수는 없지 않은가. 사람은 내부에서 추천하면 친척을 피할 수 없고, 외부에서 추천하면 원수도 피할 수 없다는 사실을 잘 안다. 그러므로 인재를 뽑을 때는 우선 아는 사람을 임용하되, 마음을 열어 누군가 다른 사람을 추천하면 그때 다시 그 사람을 임용한다. 이것이 유가 사상이다.

'선유사, 사소과, 거현재'는 모든 정부 관리의 좌우명이 될 만하다. 다만 '거현재'는 특별히 조심해서 당신이 아는 인재 외에 다른 사람이 추천하거나 고등고시 등을 통해 두각을 드러낸 인재도 받아들여 적당한 기회를 줘야 한다. 정치는 모든 사람의 일이기에 현명하고 능력 있는 인재를 선발하고 국민을 위해 봉사하도록 해야 나라를 정상 궤도로 올려놓을 수 있다. 그런 의미에서 중궁은 덕행이 근본이 된 사람으로, 정치나 다른 어떤 분야에서도 순조롭게 활약할 수 있는 인재다.

인에 대하여 묻다

공자는 제자들이 '인仁'에 대해 물으면 저마다 다른 대답을 했는데, 뛰어난 제자가 한 질문일수록 대답도 훌륭했다. 그러니 중궁이 인에 대해 물었을 때 공자의 답이 어떠했겠는가? 《논어》 〈안연편〉에 이 이야기가 소개되었다.

중궁이 인에 대해 묻자 공자가 대답했다. "대문을 나서면 큰 손님을 만난 것처럼 대하고, 백성을 부릴 때는 큰 제사를 지내듯이 해야 한다.

자기가 하고 싶지 않은 일은 남에게도 시키지 마라. 이렇게 하면 조정에서 일할 때도 원망이 없고, 집에 있을 때도 원망이 없을 게다." 이에 중궁이 "제가 비록 어리석으나 아무쪼록 말씀대로 하도록 힘쓰겠습니다"라고 대답했다〔仲弓問仁, 子曰 : 出門如見大賓, 使民如承大祭. 己所不欲, 勿施於人. 在邦無怨, 在家無怨. 仲弓曰 : 雍雖不敏, 請事斯語矣〕.

여기에서는 공자의 말을 셋으로 나눠 분석하며 중궁에 대한 공자의 기대가 어느 정도였는지 알아보자.

첫째, '출문여견대빈出門如見大賓'이라. 대문을 나서면 중요한 손님을 맞듯이 하라는 뜻이다. 이를테면 문밖에서 사람을 만나면 외국에서 온 사절처럼 대하라는 것인데, 한편으로 이해가 가면서도 '매일 보는 백성이나 동료에게 꼭 이렇게 깍듯해야 하나?' 하는 생각이 들기도 한다. 하지만 백성을 다스리려면 늘 정중한 자세와 경각심을 유지해야 한다. 그래야 당신이 제대로 된 관리 노릇을 한다고 백성이 느끼며, 마음 편히 당신을 믿고 따를 수 있기 때문이다.

'사민여승대제使民如承大祭'는 백성을 부릴 때 중요한 제사를 지내는 것처럼 처리하라는 뜻이다. 고대 사람들에게 제사는 중요한 일이었기에 천자는 하늘에게, 제후는 산천에게, 백성은 조상에게 제사를 지냈다. 그런데 백성에게 일을 시킬 때 제사 지내는 것처럼 하라니, 대체 고대의 백성은 어떤 일을 했을까?

보통 전쟁이 없으면 노역에 동원하는데, 일할 사람이 대부분 청장년이라 백성을 소집할 때 적당한 시기를 신중하게 골라야 했다. 예를 들어 봄에 밭을 갈거나 여름에 김을 매고 가을에 추수하는 시기는 피한다. 그런 때 성을 보수하거나 도랑을 내다가는 농작물 경작 시기를 놓쳐 수확물을 거둘 수 없기 때문이다. 적당한 때를 선택해 백성을 노역에 동원하려면 큰 제사를 지내는 것처럼 신중해야 했다. '출문여견대빈, 사민여승대제'라는 말을 보면 정부 관리의 책임이 얼마나 신성한 것인지 느낄 수 있다.

둘째, '기소불욕, 물시어인己所不欲. 勿施於人'이라. 덕행을 쌓으려면 이 말을 가장 먼저 가슴에 새겨야 한다. 누군가 나에게 어떻게 하길 바라지 않는다면 나 역시 다른 사람에게 어떻게 하면 안 된다. 사람은 평등하기에 서로 공평하게 대해야 한다. 내가 남에게 잘해주지 않으면서 어떻게 남이 나에게 잘해주길 바라겠는가. 하지만 누구나 남이 나에게 잘해주길 바라지, 내가 먼저 남에게 잘해줄 생각은 거의 하지 못한다. 무슨 일이 있을 때마다 상대가 일부러 나를 괴롭히거나 해코지하는 건 아닌지, 불만이 있는 건 아닌지 생각하기도 한다.

모든 일은 상대적일 뿐 남을 탓하기 전에 나는 얼마나 잘하고 있는지 자신에게 물어봐야 한다. 이처럼 덕행을 쌓으려면 자신을 먼저 단속할 수 있어야 한다. 그 때문에 공자도 자신을 단속하면 말과 행동에 잘못을 저지르는 일이 줄어든다고 했다. 말할 때 상대에게 여지를 주고 일할 때 분수를 지키면 인간관계에서 문제가 생길 일이 없다.

셋째, '재방무원, 재가무원在邦無怨, 在家無怨'이라. 고대에 제후는 나라를, 대부는 집을 소유했다. 당시 대부는 봉지封地가 있었기에 그곳에 사는 백성도 다스렸다. 공자가 자기 말대로 실천하면 조정에서 일해도 백성이 원망하지 않고, 대부의 집에서 일해도 백성이 원망하지 않는다고 한 것도 이 때문이다. 공자는 중궁이 이런 인을 행할 수 있는 관리가 되길 바랐다. 신중한 처신은 백성을 위해 봉사하려는 사람이 되새겨볼 만한 문제로, 덕행이 바탕이 돼야 한다. 또 기본적으로 덕행이 갖춰졌으면 다른 부분은 조건에 따라 정해진다. 관리가 된다거나 무슨 일을 하는 문제는 내 선택만으로 가능하지 않기 때문이다. 그런 포부는 누구나 품을 수 있지만, 내가 선택한다고 그 직업에 종사하거나 원하는 일을 하는 것은 아니다. 사람이 준비할 수 있는 기본은 덕행뿐이다.

중궁에 대해 오늘날까지 남은 사료가 적지만, 공자가 남긴 말을 보면 그에게 얼마나 기대했는지 알 수 있다. 다만 인을 행한다는 것은 그렇게 변해가는 과정을 가리키기에, 공자는 한 번도 어떤 제자나 살아 있는 사람이 인을 행하기에 적합하다고 말하지 않았다. 《논어》에서 공자가 인을 행하는 기준에 도달했다고 직접 언급한 사람은 미자와 기자, 비간, 백이, 숙제, 관중뿐이다.

관중은 조금 특수한 경우로 개인적인 덕행은 부족했으나, 인을 행할 때에 그 효과가 모든 사람에게 미치도록 했다. 그는 제나라 재상에 불과했지만 외교적 수완을 발휘해 이웃 주변국까지 평화롭게 지내도록 했기에, 인의 효과가 확대된 것이라 말할 수 있다.

본래 개인의 수양은 완벽할 수 없기 때문에 관중처럼 자신이 맡은 역할이나 위치에서 직무를 다하면 그 효과가 정해진 범위를 훌쩍 넘어선다. 모든 사람이 자기 자리에서 기대치 이상 선행을 실천한다면 사회는 더욱 발전할 것이다.

덕을 수양하고 인을 행하라

중궁에 대한 결론은 순자荀子의 말로 정리하고자 한다. 먼저 순자에 대해 이야기하자면 조금 복잡한 부분이 있다. 그는 공자의 사상을 전수했다고 생각했으나, 일반적으로 맹자를 공자의 정통 후계자로 보는 편이다. 맹자는 공자의 '인'에 통달했고, 순자는 공자의 '예禮'에 통달했기 때문이다. '인'은 공자 사상의 근본인 반면, '예'는 겉으로 드러나는 행동 규범으로 공자의 사상에서 부차적인 개념이다. 하지만 순자 역시 학문이 뛰어나고, 특히 중궁을 높이 평가했다. "성인으로서 순임금과 우임금은 권세를 얻었으나, 공자와 중궁은 권세를 얻지 못했다." 순자는 중궁을 공자와 같은 위치에 놓고 칭찬했는데, 이는 결코 쉽지 않은 일이다. 순자는 중궁이 성인의 경지에 이를 수 있다고 본 것이다. 현재 중궁에 대한 자료가 많지 않지만, 당시 순자는 훨씬 많은 자료를 통해 그가 얼마나 뛰어난 인물인지 확인한 것이 분명하다.

이 장에서는 덕행과의 우등생 중궁에 대해 이야기하며 민자건과 염백우도 소개했다. 중궁은 정치 분야에 몸담았지만, 이는 그가 행한 덕행의 일종이라고 봐야 한다. 따라서 우리는 중궁에게 덕행을 수양하는 방법을 배워야 한다.

"꾸준히 갈고닦아 얻은 말의 힘"

자공의 언변

7장

자공이 "가난하면서도 아첨하지 않고 부유하면서도
교만하지 않으면 어떻습니까?"라고 묻자,
공자가 대답했다.
"괜찮다. 하지만 가난하면서도 도를 행하기를
즐기고 부유하면서도 예를 좋아하는 사람만은 못하다."
자공이 《시경》에 '자른 듯도 하고 간 듯도 하며 쫀 듯도 하고
닦은 듯도 하다'는 말이 그런 뜻이군요?"라고 묻자,
공자가 말했다.
"사야, 이제 너와 《시경》을 이야기할 수 있겠구나!
내가 해준 말에서 아직 말하지 않은 것을 깨달았구나."

子貢曰：貧而無諂, 富而無驕, 何如 子曰：可也. 未若貧而樂道, 富而好禮者也.

子貢曰：《詩》云：如切如磋, 如琢如磨, 其斯之謂與 子曰：賜也, 始可與言《詩》已矣

告諸往而知來者

–《논어》〈학이편〉

위나라 사람 자공의 원래 이름은 단목사端木賜로 자字가 자공이며, 공자보다 31년 연하다. 자공은 머리가 좋고 언변이 유창했으나, 남을 비판하는 단점이 있었다. 《논어》〈헌문편〉에 공자가 "자공아, 너는 충분히 뛰어나지 않으냐? 나는 남을 비판할 여유가 없는데"라고 말한 구절이 나온다.

공자는 자공처럼 똑똑한 제자가 툭하면 남을 비판하고, 자신은 반성하거나 수양할 줄 모르는 것을 안타깝게 여겼다. 《논어》〈이인편〉에서는 "옛사람들은 말을 함부로 내뱉지 않았다. 실천이 따르지 못함을 부끄럽게 여겼기 때문이다"라고 말하기도 했다. 그는 제자들이 실천한 뒤에 말하길 바랐으나, 자공은 전형적으로 말한 뒤에야 실천하는 부류다.

자공은 말솜씨가 유난히 좋은 언어과 제자다. 당시 언어과 학생이 되려면 기본적으로 《시경》을 배워야 했다. 《논어》〈계씨편〉에 보면 공자가 아들에게 "《시경》을 배우지 않으면 말에 근거가 없다"고 말하기도 했다. 말은 본래 간단하지만 말을 잘하려면 그 안에 깊은 뜻과 품위가 있어야 오랫동안 전해질 수 있다는 의미다.

공자는 왜 《시경》과 《서경書經》처럼 언어에 대한 요구치가 높은 경전을 가르쳤을까? 고대에는 정치할 때 말이 차지하는 비중이 매우 컸기 때문이다. 예를 들어 외교적으로 '수명불수사受命不受辭'란 말을 흔히 썼다. 이는 군주에게 명령은 받았으나 어떤 방법으로 실천할지 듣지 못했다는 뜻으로, 아랫사람은 임무를 완수하기 위해 방법을 생각해보겠다고 말해야 한다. 이 장에서는 자공을 통해 어떻게 말을 해야 할지 배워보자.

말에도 공부가 필요하다

입버릇처럼 남을 비판하다 보면 실수를 저지르기 십상이다. 이 사람 저 사람의 허물을 지적하던 자공은 결국 스승마저 비판했다. 이 일은 《논어》〈위령공편〉에 소개되었다.

자공은 공자가 오랜 세월 동안 많은 책을 읽고 기억력이 좋아 제자들을 가르칠 뿐, 그리 대단한 면이 없다고 말했다. 이를 전해 들은 공자는 수업 시간에 공개적으로 자공에게 "너는 내가 많이 배워서 알 뿐이라고 생각하느냐?"라고 물었다. 누군가 자신의 말을 전했다는 사실에 당황한 자공은 "예, 그러면 아니란 말씀입니까?"라고 되물었다. 이에 공자가 "네가 틀렸다! 나는 중심 사상 하나로 내 학설을 전부 꿰뚫을 수 있다"고 말했다.

다시 말해 공자는 하나로 전체를 꿰뚫을 줄 알았기에 위대한 철학자가 된 것이다. 단순히 책을 많이 읽고 기억력이 좋다면 평범한 선생에 불과하다.

이처럼 자공의 뛰어난 말솜씨도 처음에는 공자의 가르침이 필요했다. 꾸준히 갈고 닦은 뒤에야 비로소 할 말과 하지 말아야 할 말을 구별했으며, 어떻게 말해야 옳은지 알았기 때문이다.

공자는 자공을 가르칠 때 말하기 부분에 신경 썼고, 자공도 스승의 바람만큼 잘 따라왔다. 이와 관련된 몇 가지 예를 소개한다.

첫째, 《논어》〈자한편〉에 있는 일화다. 자공은 스승인 공자가 벼슬자리에 나가고 싶으면서도 자기 지위 때문에 아무 관직이나 함부로 맡지 못하는 상황을 안 것 같다. 그래서 자공은 스승의 의중을 떠보고자 "여기 아름다운 옥이 있는데 궤짝에 넣어둬야 합니까, 나가서 팔아야 합니까?"라며 적절한 비유를 들어 질문했다. 자공의 현란한 말솜씨에 공자는 그 아름다운 옥이 자신을 가리킨다는 사실을 알아채고 기다렸다는 듯 "팔아야지, 팔고말고. 나는 물건을 살 장사꾼을 기다린다네"라고 답했다.

당시 학문이 깊은 대학자는 사회에 봉사하길 바랐다. 하지만 대체 어느 나라로 가야 한단 말인가. 군주에게 안목이 있다면 누가 좋은 인재인지 구별할 수 있을 것이다. 젊은 시절 공자가 제나라에 갔을 때는 그곳의 세력에 밀려 벼슬자리에 오르지 못했고, 나중에 노나라는 권력이 나뉘어 혼란이 계속됐다. 공자는 천하를 다스릴 만한 인재지만, 자신을 알아봐 줄 장사꾼을 쉽사리 찾지 못했다. 자공은 직접적으로 질문하지 않으면서도 함축적이고 품위 있게 자기 뜻을 전달할 줄 알았고, 공자는 제자의 뛰어난 말솜씨에 적당히 호응해주었다.

둘째, 《논어》〈술이편〉에 등장하는 일화다. 노나라에서 벼슬자리를 얻지 못한 공자는 얼굴을 붉히며 돌아설 수밖에 없었다. 그 뒤 여러 나라를 주유하다 위나라에 도착했을 때 염유는 공자가 위출공을 위해 일할지 궁금했다. 성격이 내성적이라 혹시 공자에게 물어보면 스승이 불쾌해할까 걱정된 염유는 대신 자공에게 물었다. "스승님이 위나라에서 관리를 하실까?" 이에 자공이 "제가 가서 여쭤보조" 하더니 공자를 찾아갔다.

그는 직접적으로 이야기하는 대신 "스승님, 백이와 숙제는 어떤 사람입니까?"라고 물었다. 이 물음은 언뜻 보기에 그가 알고자 하는 내용과 아무 상관없는 듯하다. 공자는 스스럼없이 "고대의 현인들이다"라고 대답했고, 자공은 다시 "두 사람은 아무런 원망이 없었습니까?"라고 물었다. 이에 공자가 "그들은 인을 바랐으며 그만한 결과를 얻었는데 무슨 원망이 있었겠느냐?"라고 대답했다.

공자의 대답은 대체 무슨 뜻일까? 이를 이해하려면 당시 백이와 숙제가 처한 상황을 알아야 한다. 백이와 숙제는 상왕조 말 고죽국孤竹國의 왕자로, 두 사람 모두 왕위를 물려받지 않으려고 서쪽으로 도망쳤다. 그들이 주나라 땅에 이르렀을 때 마침 주나라 무왕이 혁명을 일으켰다. 두 사람은 무왕의 행동에 반대했으나, 무왕은 그대로 밀어붙여 성공했다. 이에 백이와 숙제는 도의에 어긋난다며 주나라의 곡식은 쌀한 톨도 먹지 않겠다고 결심했다. 쌀이야 어느 나라나 마찬가지일 텐데, 두 형제는 불의한 주나라의 음식을 먹지 않다가 결국 수양산首陽山

에서 굶어 죽고 말았다.

자공이 굳이 백이와 숙제가 어떤 사람인지 물은 것은 이 때문이다. 공자의 대답을 들은 자공은 다시 묻지 않고 교실을 나와 염유에게 말했다. "스승님은 위출공을 위해 일하지 않으실 겁니다."

자공은 염유가 스승이 위나라에서 일할지 궁금해하자, 그 길로 공자를 찾아가 고대의 역사적 인물에 대한 평가를 부탁했다. 답을 들은 자공은 공자가 위나라에서 관리로 일하지 않으리란 대답을 내놓았다. 정작 궁금한 문제는 한 마디도 언급하지 않은 채 원하는 답을 얻다니, 이렇게 총명한 제자가 어디 있겠는가.

위출공은 앞서 왕좌에 앉은 위령공의 손자이자, 태자 괴외의 아들이다. 괴외는 예전에 새어머니인 남자를 시해하려다 실패하고 진晉나라로 도망갔다. 위령공이 세상을 떠나고 손자인 위출공이 왕위를 이어받았다. 아버지가 돌아가셨다는 소식을 들은 괴외는 돌아가 왕위에 오르고자 했다. 이를 안 위나라는 진나라 병사들과 싸우며 괴외가 돌아오지 못하도록 막았다. 부자가 나라를 두고 싸우는 일이 벌어진 것이다.

반면 백이와 숙제는 고죽국의 왕위에 앉지 않으려고 도망쳤다가 수양산에서 굶어 죽었다. 이는 형제가 서로 나라를 양보하려다 벌어진 일이다. 백이와 숙제에게 아무 원망도 없을 것이란 대답은 공자가 현재 위나라의 상황에 동의하지 않으며, 스스로 개입해서 도울 생각이 없다는 뜻이다. 자공을 대단한 인물이라고 평가하는 것은 단순히 말솜씨가 뛰어나서가 아니라, 스승의 생각을 읽을 줄 알았기 때문이다.

스승의 마음을 가장 잘 알았던 제자

여러 나라를 주유한 공자는 어느 나라에 가든 그곳의 대신과 중요한 정무에 대해 한참 이야기했다. 제자들은 스승이 정치에 지나치게 관심을 보인다고 느꼈다. 《논어》〈술이편〉에 이와 관련된 일화가 기록되었다.

> 자금子禽*이 자공에게 물었다. "스승님이 어떤 나라에 갈 때마다 그 나라 정치 이야기를 듣는 것은 스승님이 묻는 건가요, 그들이 들려주는 건가요?" 이에 자공이 "스승님은 온화함과 선량함, 공경함과 검약함, 겸양함으로 그 나라 정치에 대한 이야기를 듣는 것일 뿐 다른 이들이 들으려고 하는 방법과 다르다네!"라고 대답했다(子禽問於子貢曰 : 夫子至於是邦也, 必聞其政, 求之與 抑與之與 子貢曰 : 夫子溫, 良, 恭, 儉, 讓以得之, 夫子之求之也, 其諸異乎人之求之與)."

이 대화에서 자공은 공자의 성격을 '온溫, 량良, 공恭, 검儉, 양讓' 다섯 글자로 훌륭하게 묘사했다. 화를 잘 내지 않으면서 예의 바르고, 많은 일에 자기주장이 있으면서 오만하게 굴지 않으니, 어느 나라에서든 정치 상황에 대해 물으면 상대가 기꺼이 공자와 이야기하려 한 것이다. 무엇보다 상대에게 함부로 자기 생각을 내놓지 않고 적당히 참고하도록 했다.

---

* 공자의 제자. 성이 진陳, 이름이 항亢이며, 공자보다 40년 정도 연하다.

《논어》〈자한편〉에 보면 오월지쟁嗚越之爭* 때 자공이 두 나라의 임금, 대신들과 왕래할 기회가 있었다. 한번은 오나라 태재大宰**가 자공에게 물었다. "공자께서는 성인입니까? 어찌 그리 재주가 많은지요?" 자공은 그의 물음에 격식을 차리지 않고 "하늘이 우리 스승님을 성인이 되게 하시고 다양한 재능을 주신 겁니다"라고 대답했다. 이 말을 전해 들은 공자는 오늘날까지 많은 사람들이 감동해 마지않는 한 마디를 남겼다. "나는 젊어서 비천했기에 천한 일을 많이 해본 것일세. 군자가 잘하는 일이 많다고? 그렇지 않네."

공자는 다른 사람들이 성인으로 보는 위대한 인물이지만, 젊은 시절 집안이 가난해서 온갖 자질구레한 일을 해야 했다. 요즘으로 치면 경리를 보기도 했으며, 다른 사람을 도와 장례 치르는 일을 한 적도 있다. 심지어 이런 일에 능통해 수입원으로 삼았다. 사람들은 공자를 다재다능한 성인이라 치켜세웠지만, 정작 공자는 온갖 천한 일을 하며 살아온 자신은 군자가 아니라고 겸손하게 말했다.

사물의 이치와 세상 물정에 밝다

자공은 언어 표현이 뛰어나지만, 안회를 만나면 한발 물러설 줄 알았다. 《논어》〈공야장편〉에 이와 관련된 이야기가 있다. 안회와 비

---

* 오나라와 월나라의 싸움.
** 국정을 총괄하는 관직의 이름.

교해 누가 더 뛰어난지 묻는다면 답은 정해진 것이나 다름없다. 공자의 제자 가운데 누가 안회보다 뛰어날 수 있단 말인가. 공자의 물음에 자공은 겸손히 자신은 안회의 5분의 1 정도밖에 되지 않는다고 대답했다. 공자는 만족하며 말했다. "그래, 자네와 안회는 비교할 수 없지. 나나 자네나 안회에게는 미칠 수 없을걸세."

이 말에서 우리는 스승으로서 공자의 풍모를 알 수 있다. "제자라고 해서 반드시 스승보다 못한 것은 아니며, 스승이라고 해서 반드시 제자보다 현명한 것은 아니다"라고 말한 그의 평소 교육관과도 맞닿아 있다. 마지막 말을 통해 공자는 안회에 대해 확신했을 뿐만 아니라 자공도 높이 평가했다. 자공은 똑똑하고 자신에 대해 잘 알기 때문이다.

한번은 자공이 다른 곳에 가기 전에 평생 좌우명으로 삼을 만한 글자 하나만 알려달라고 공자에게 가르침을 청했다. 요즘 어린 학생들이 학교를 졸업하기 전에 선생님께 덕담을 듣는 것처럼 말이다. 이에 공자가 '서恕'란 글자를 일러주며 앞에서 언급했던 그 유명한 '기소불욕, 물시어인己所不欲, 勿施於人'을 덧붙였다. "누가 내게 어떻게 하기를 바라지 않는다면 나도 남에게 그렇게 하면 안 된다"는 뜻으로, 상대방 입장에서 생각하며 서로 존중하라는 것이다.

《논어》〈옹야편〉에 보면 공자에게 인자가 얼마나 위대한지 종종 들은 자공이 질문했다. "백성을 폭넓게 보살피고 그들을 도울 수 있다면 인을 행했다고 할 수 있지 않습니까?" 자공의 말을 들은 공자는 신이 나서 말했다. "인을 행함뿐이겠느냐? 성聖을 이뤘다고 할 수 있지. 성인은 천하의 백성을 돌볼 수 있거늘 요임금과 순임금도 그렇게 하지는 못했다네."

공자는 이 말 뒤에 '기욕립이립인, 기욕달이달인己欲立而立人, 己欲達而達人'이라고 덧붙였다. 이는 '기소불욕, 물시어인'과 연계된 말로 전자는 "자신이 하고 싶지 않은 일은 남에게도 시키지 말라"는 뜻이며, 후자는 "당신이 서려면 남을 서게 하고 당신이 통달하려면 남을 통달하게 하라"는 뜻이다. 다시 말해 전자는 자신을 단속하라는 뜻이며, 후자는 인간관계에서 입장을 바꿔 생각해보라는 것이다. 이는 맹자가 "내 늙은 부모를 모심으로써 다른 노인들을 모시게 되고, 내 아이를 사랑함으로써 다른 아이들도 사랑하게 된다"고 한 말과 일맥상통한다.

공자의 핵심 사상이 드러난 두 대화는 모두 자공과 관련이 있다. 자공은 뛰어난 언변과 깊이 있는 사유로 공자와 유가의 중요한 관념에 대해 이야기하고, 공자의 학설을 자세히 이해했다. 사물의 이치에 통달한 자공은 뒷날 정치에 참여했는데, 세상 물정을 잘 알기에 모든 일이 어떻게 발전할지 쉽게 예측했다.

스승인 듯 벗인 듯

가난한 집안에서 자란 자공은 나중에 장사를 했다. 당시에는 장사를 하려면 관청에서 내준 허가장이 필요했는데, 춘추시대 말기에는 천하가 혼란해 규율이 제대로 지켜지지 않았다. 많은 사람이 허가장 없이도 장사하는 모습을 본 자공은 기회를 틈타 장사를 시작했다. 《논어》〈선진편〉에 이와 관련된 이야기가 실렸다.

공자가 "회는 수양이 높은 경지에 이르렀으나 가난해서 빈털터리고, 사는 관아의 명령을 따르지 않고 장사해서 돈을 벌었는데 예측하면 대부분 적중했다"고 말했다(子曰 : 回也其庶乎, 屢空. 賜不受命, 而貨殖焉, 億(臆)則屢中).

여기서 '억즉루중億則屢中'은 눈여겨볼 만한 부분으로, 자공이 어느 것의 값이 오르겠다고 하면 오르고 어느 것의 값이 떨어지겠다고 하면 떨어졌다는 뜻이다. 공자의 제자 가운데 자공만큼 장사로 성공한 이도 드물다. 뒷날 사마천司馬遷이 쓴 《사기》〈화식열전貨殖列傳〉이란 제목도 공자가 언급한 '화식'에서 비롯된 것으로, 나중에 '장사하다'라는 의미로 쓰였다.

《논어》〈학이편〉에 부자가 된 자공이 공자에게 질문했다. "가난하면서도 아첨하지 않고 부유하면서도 교만하지 않으면 어떻습니까?" 사람이 가난하면 비굴해지기 쉬워 돈 많은 사람을 보면 자기도 모르게 잘 보이려 하고, 뭐든 하나라도 얻기를 바란다. 반대로 돈이 생기면 어깨에 힘이 들어가 교만해지기 십상이다. 공자는 어떻게 대답했을까? "괜찮다. 하지만 가난하면서도 도를 행하기를 즐기고 부유하면서도 예를 좋아하는 사람만은 못하다."

자공은 '가난하면서도 아첨하지 않고 부유하면서도 교만하지 않으면'이란 말로 부정적인 질문을 했으나, 공자는 '가난하면서도 도를 행하기를 즐기고 부유하면서도 예를 좋아하는'이란 말로 긍정적인 대답을 내놓았다. 공자가 근사한 대답을 한 뒤 수업을 마치려 했으나, 자공이 뒤이어 질문했다. "《시경》에 나온 '골각骨角*과 옥석玉石을 다듬듯 끊임없이 자르고 갈며 쪼고 닦으면 훌륭한 것이 더 완벽해질 수 있다'는 말이 바로 그런 뜻이군요."

자공은 《시경》의 구절과 공자의 가르침을 적절히 조화시킨 질문으로 공자를 기쁘게 했다. '가난하면서도 아첨하지 않는 것'도 좋은 상태인데, '가난하면서도 즐거울 수 있다는 것'은 자르고 갈며 쪼고 닦아 훌륭한 것을 더 완벽하게 만드는 일과 다름없다고 할 수 있다. 공자는 신이 나서 "자공아, 이제 너와 《시경》을 이야기할 수 있겠구나! 내가 해준 말에서 아직 말하지 않은 것을 깨달았구나"라고 말했다.

공자가 한 가지 일을 말해주면 자공은 앞으로 상황이 어떻게 발전할지 상상했다. 두 사람의 대화를 통해 알 수 있듯, 스승은 제자를 가르칠 때 제자가 자신을 반성하고 마음에 깨달은 바가 있어 남과 다른 생각으로 스승과 함께 토론하며 절차탁마切磋琢磨하기 바란다. 그래서 고대 사람들은 이상적인 스승과 제자의 관계를 "스승이면서 친구와 같다"는 말로 설명했다. 공자와 자공 역시 그런 사이다.

---

* 뼈와 뿔을 아울러 이르는 말.

인성과 천도에 대하여 묻다

자공은 스승의 사상이 어떤 방향으로 발전할지 많은 관심을 보인 제자다. 《논어》를 보면 공자가 '하늘(天)'에 대해 언급할 때마다 곁에는 자공이 있었다. 하지만 자공은 하늘의 의미에 약간 의혹을 품었다. 《논어》〈공야장편〉에 자공이 "스승님(공자)의 문헌과 수양에 관한 성취는 들을 수 있었지만, 스승님의 인성人性과 천도天道에 관한 말씀은 들을 수 없었다"고 말했다는 구절이 나온다.

뒷날 맹자가 공자의 인성론을, 《역전易傳》*이 천도론天道論을 발전시켜 "스승님의 인성과 천도에 관한 말씀은 들을 수 없었다"고 말한 자공의 아쉬움을 달래줬다. 지금 인성과 천도에 대해 알 수 없다고 해도 우리는 사는 동안 두 가지 의미가 무엇인지 이해하려고 노력해야 한다. 누군가 많은 일을 벌이는 모습을 보면 그의 본성은 어떤지 알고 싶어진다. 사람은 겉만 보고 그 속내를 알 수 없다고 하지 않는가.

대체 인성이란 무엇인가. 인성에 대해 제대로 이해하지 못하면 인류 사회의 수많은 현상을 판단하기 어렵다. 사회에 필요한 규범이 무엇인지 어떻게 판단할 수 있을까. 유가 사상은 인성을 이해하는 것을 가장 중요하게 여긴다. 유가의 어느 학파든 인성을 이해하지 못하면 인류 사회의 발전 계획을 세울 때 실수할 수밖에 없다.

그렇다면 천도란 무엇인가. 하늘이란 우주, 즉 가장 큰 힘을 가리킨

---

* 1099년 송대宋代 유학자 정이천程伊川이 《역경》을 주석한 책.

다. 하늘의 규칙이란 무엇이며, 천도가 운행될 수 있는 규율은 무엇인가. 앞서 자공의 말을 통해 그가 이런 것을 얼마나 이해하고 싶어 했는지 알 수 있다.

《논어》〈양화편陽貨篇〉에 공자가 기분이 좋지 않았는지 자공에게 "더 말하고 싶지 않구나"라고 했다. 이에 자공이 "스승님께서 말씀하지 않으면 저희가 어찌 기록할 수 있단 말입니까?"라고 물었다. 그러자 공자가 한탄하듯 말했다. "하늘이 무슨 말을 하더냐. 사철은 절로 운행하고 만물은 늘 나고 자라건만 하늘이 무슨 말을 하더냐."

이 말은 "하늘도 말이 없는데 내가 자꾸 말한들 무슨 소용이 있겠느냐. 아무리 말해도 세상은 여전히 혼란하지 않느냐"라는 탄식이다. 공자가 제자들을 가르친다 해도 천하를 하루아침에 바로잡을 수 없으니 더 많은 말이 필요없다는 뜻이기도 하다. 반면 하늘은 아무 말을 하지 않고도 봄, 여름, 가을, 겨울이 절로 운행하게 하며, 우주 만물이 나고 자라게 한다. 이처럼 많은 일은 어느 방향으로 발전할지 정해졌기에 그대로 발전한다.

살다 보면 사람이 어쩔 도리가 없는 일이 있는데, 이를테면 당신이 살 시대나 사회는 선택할 수 없다. 우리는 이런 불가항력적인 상황을 앞에 두고 시대와 사회를 개선하겠다는 포부와 이상을 품게 마련이다. 하지만 내가 어떻게 행동한다고 해서 꼭 효과가 있으리란 보장이 있을까. 이것이 유가가 고민하는 문제로, 어떤 이는 공자가 "이상을 실현할 수 없음을 알면서도 하려는 사람"이라고 말했다.

반대로 하늘과 땅 사이 만물의 운행과 변화는 규율이 있기에 많은 일이 조건이 성숙되면 자연스럽게 이뤄지기도 한다. 다시 말해 유가 학파들이 이상을 품고 사회를 개선하려 하는 것도 중요하지만, 조건이 무르익기를 기다리는 것 역시 중요하다. 이를테면 최근 들어 많은 사람들이 국학國學에 관심을 보이는데, 10년 전만 해도 중국에서 이런 호의적인 분위기는 없었다. 2000년 전의 낡은 사상이 뭐 그리 재미있겠는가. 하지만 시대가 달라지면서 공자와 유가가 다시 주목받는다. 공자가 아무도 자신을 이해하지 못한다고 한탄한 것도 그럴 만한 일이다.

6년 동안 스승의 무덤을 지키다

자신을 알아주는 사람이 없다니, 공자의 말은 대체 무슨 뜻일까. 공자는 제자가 무려 3000명이고 육예에 정통한 제자만 72명인데, 어떻게 아무도 공자를 이해하지 못했단 말인가. 두 가지 원인이 있을 수 있다. 제자들이 학문을 연마하는 일에 최선을 다하지 않았거나, 공자 본인이 지나치게 신비로웠기 때문이다. 실제로 공자가 알아듣지 못할 이야기를 한참 떠들어대면 제자들은 뒤에서 스승에게 다른 비밀이 있는 것은 아닌지 토론했다. 마치 무협 소설 속 고수에게 숨겨둔 절기가 있는 것처럼 말이다.

공자는 말했다. "나는 너희에게 아무것도 숨기지 않는다. 내 말과 행동은 너희 앞에 보이는 것이 전부니라. 매일 너희와 함께하니 내가 무슨 말을 하는지 잘 알지 않느냐? 나는 결코 숨기는 게 없네." 공자가 하는 말이나 행동, 마음속 생각 등을 제자들은 낱낱이 이해하지 못한 것으로 보인다. 이는 공자가 '하나로 전체 사상 체계를 꿰뚫는' 사람인지라 제자들이 그의 일부밖에 이해하지 못했기 때문이다. 이를테면 어떤 제자는 그의 언어를 배우고, 어떤 제자는 그의 다른 부분을 배웠으나, 그 속의 일관된 사상은 이해하지 못한 것이다. 어쨌든 '일이관지'는 자공의 질문이 있었기에 나온 개념이다.

공자에게 "많이 배워서 알 뿐"이라고 한 자공은 수업 중에 몇 마디 듣고 차마 다시 질문하지 못했다. 현명한 학생은 스승이 잘못을 지적할 때 바로 어떻게 해야 옳은지 물어야 한다. 스승은 그런 제자의 질문에 대답할 준비가 되었다. 하지만 자공은 스승의 엄숙한 부정에 잔뜩 겁먹고 도망쳤다. 결과적으로 공자는 제자를 가르치는 데 실패하고 말았다. '지성선사至聖先師'*라 불린 공자의 실패는 자공이 화근을 제공했기 때문이다.

언어 분야에 재능이 뛰어난 자공은 뒷날 관리로서 좋은 성과를 거뒀다. 하지만 우리가 자공에게 감동할 수밖에 없는 일은 따로 있다. 산동山東 성 취푸曲阜에 처음으로 갔을 때 나는 '삼공三孔'이라 불리는 공묘孔廟와 공부孔府, 공림孔林을 방문했다.** 공자의 무덤 앞에 섰을 때 말로 표

---

* 성인의 경지에 오른 위대한 스승이란 뜻으로, 공자를 가리키는 존호.
** '공묘'는 공자의 사당, '공부'는 공자의 고택, '공림'은 공자와 그 자손의 묘가 있는 곳.

현할 수 없는 감동을 받아 가슴이 뜨거웠다. 공자의 무덤가에 있는 비석에 '자공로묘처子貢盧墓處'라고 새겨 있었기 때문이다.

공자가 세상을 떠난 뒤 스승의 죽음을 애도한 제자들이 무덤 앞에 집을 짓고 삼년상을 치렀다. 고대에는 부모가 돌아가셨을 때 삼년상을 치렀는데, 제자들이 삼년상을 치른 것은 공자를 아버지처럼 모셨기 때문이다. 이 기간에는 출근하거나 다른 직업을 찾을 수 없었다. 3년이 다 됐을 때 제자들이 통곡한 뒤 각자 집으로 돌아갔으나, 자공은 떠나지 않고 3년 더 무덤을 지켰다. 그곳에서 스승을 그리워한 자공의 진심을 생각하니 나도 모르게 눈시울이 붉어졌다.

사마천이 쓴 《사기》〈공자세가孔子世家〉 말미에도 떠난 공자를 그리워하는 모습이 감동적으로 기록되었다.

《시경》에 이런 말이 있다. "높은 산은 사람이 우러러보고, 탁 트인 길은 사람이 갈 만하다." 지금 공자의 시대로 돌아갈 순 없으나 마음으로 그리워하는 것이다. 내가 공자의 책을 읽고 그의 사람됨을 보고자 했다. 노나라에 가서 공자의 종묘와 대청, 수레와 의복, 예악, 기물을 보는데 유생들이 시간에 맞춰 공자가 살던 곳에서 예를 공부하거늘 나는 발길이 떨어지지 않아 그곳을 서성이며 어디로 갈지 몰랐다. 천하에 군왕부터 현인까지 많고 많지만 살아서 영광은 한순간, 죽고 나면 그만이다. 공자는 평민이나 10여 대를 전해지며 학자들의 존경과 숭배를 받았도다. 위로 천자나 왕후부터 아래로 중원에 육예를 공부한 사람은 모두 공자를 기준으로 옳고 그름을 판단하니 공자야말로 최고의 성인이라 하겠노라.

자공은 어째서 6년이나 공자의 무덤을 지켰을까? 그가 스승을 진심으로 숭배했기 때문이다. 《논어》 〈자장편〉에 이 이야기가 실렸다.

> 노나라의 대부 숙손무숙叔孫武叔이 조정에서 대부들에게 말했다. "자공의 재덕이 공자보다 뛰어나오." …… 이에 자공이 "집의 담장에 비유하면 제 집은 담장이 어깨 높이 정도라 집 안이 얼마나 아름다운지 볼 수 있습니다. 하지만 스승님의 집 담장은 몇 길이나 되어 들어가는 대문을 찾지 못하면 종묘의 드넓은 장관과 끝없이 이어진 건물의 다채로움을 볼 수 없지요. 대문을 찾은 사람이 많지 않으니 숙손대부께서 그렇게 말씀하시는 것도 당연하지 않겠습니까?"라고 말했다.

자공은 이렇게 자신이 칭찬받았을 때도 오히려 공자를 이해하지 못했다며 상대를 비판했다. 뒷날 숙손무숙이 자공을 치켜세우며 굳이 스승이 위대하다고 말하지 않아도 되니 이제 그러지 말라고 했다. 자공은 발끈하며 보통 사람의 위대함은 언덕과 같이 쉽게 오를 수 있으나, 스승의 위대함은 하늘과 같아 사다리를 놓아도 오를 수 없다고 힘주어 말했다. 숙손무숙이 계속 공자를 헐뜯자, 자공은 스승을 비판하는 말을 멈추라며 공자를 일월日月에 비유해 당신이 아무리 비판해도 하늘의 태양은 빛나고 달은 둥글 것이라고 했다. 이는 스승에 대한 애정뿐만 아니라 깊은 이해가 있었기에 가능한 일이다.

배운 것을 실제로 활용하다

자공은 장사를 했기 때문에 여러 지역을 두루 다녔으며, 다른 학파 사람들과도 종종 왕래했다. 많은 사람을 만나다 보니 자연스럽게 식견도 넓어졌다. 공자는 이런 자공을 '달達'이란 글자로 평가했다. 사람이 무엇에 통달하면 벼슬자리에 앉는 데도 큰 문제가 없다.

공자의 제자 가운데 자로는 과감하고, 자공은 통달했으며, 염유는 다재다능해서 관리 노릇을 하는 데 별문제가 없었다. 하지만 이는 능력에 대한 평가일 뿐, 좋은 관리가 되려면 지조를 지키고 덕행을 쌓아야 한다. 공자는 이에 대해 가르치며 좋은 예를 들어 참고하도록 했다.

자공은 공자가 죽은 뒤에도 그 뜻을 이어받아 공자와 그의 사상을 알리는 일에 힘썼다. 사마천도 《사기》에 "공자가 세상을 떠난 뒤 그의 명성이 천하에 널리 알려진 것은 자공의 공로가 크다"고 기록했다. 이는 자공이 말솜씨가 뛰어나 정치 분야에서 뛰어난 성취를 했기에 가능한 일이었다. 자공은 공자 생전에도 제나라의 공격을 받을 위기에 처한 노나라를 위해 나서서 수려한 언변으로 노나라를 지켜냈다. 오월지쟁 때도 자공이 계책을 내놓아 월越나라 왕 구천句踐에게 기회를 만들어줬다. 자공은 스승에게 배운 것을 활용할 줄 아는 인물이다.

뛰어난 말재주로 스승의 이름을 높이다

《논어》를 보면 공자가 자공에게 특별히 마음을 쓴 장면이 많이 나오는데, 이는 우리 모두 되새겨볼 만한 부분이다. 공자의 제자를 단순히 우리가 배울 만한 본보기로 삼을 것이 아니라, 그들을 통해 공자의 사상을 깊이 이해할 수 있어야 한다. 공자는 우리의 스승이며, 제자들은 그의 가르침을 받아 젊은 시절부터 천천히 성장해온 인물들이기 때문이다.

자공은 영원히 스승을 따라잡을 수 없다고 말했지만 공자는 이를 바라지 않았으며, 오히려 제자 한 사람 한 사람이 그와 같은 수준에 이르기를 희망했다. 공자 본인도 인정했지만 세상에 지식을 타고나는 사람은 없으며, 열심히 공부하다 보면 어느 순간 자연스럽게 지식의 체계를 관통할 수 있다.

이 장에서 우리는 자공의 말솜씨에 대해 몇 가지 예를 들었다. 뒷날 그의 모습을 살펴보면 관리로서 공자의 요구에 부합했으며, 스승에 대한 충심도 대단했다. 제자로서 스승을 모신다고 맹목적으로 충성하거나, 무슨 패거리를 만들듯이 떠받드는 것은 유가의 뜻이 아니다. 스승을 제대로 모시려면 그의 사상이 어떤 점에서 훌륭한지 진정으로 이해해야 한다.

자공은 언어 분야에서 매우 빠른 반응을 보였으며, 총명하고 말솜씨가 뛰어나 다른 사람과 관계를 통해 사회에 긍정적인 영향을 미쳤다. 그 때문에 자공은 관리로서, 외교 분야 책임자로서 눈에 띄는 성과를 거두었다. 사마천의 말처럼 공자가 뒷날 세상 사람들의 존경을 받은 데는 자공의 공이 적지 않다.

《맹자》〈공손추 상〉에 보면 맹자는 자공의 말을 빌려 공자를 칭송한다. "인류가 생긴 이래 공자를 넘어서는 사람이 없었다." 이 말은 《맹자》에 기록되었으나 사실 자공이 한 말로, 공자에 대한 그의 그리움이 얼마나 깊었는지 알 수 있다.

"꿈꾸는 이상을 향해 달려가는 마음"

자유의 도량

8장

자유
子游

자유가 말했다.

"임금을 섬기는 데 간언을 자주하면 곤욕을 당하고,

친구를 사귀는 데 충고가 많으면 사이가 소원해진다."

子游曰 : 事君數, 斯辱矣; 朋友數, 斯疏矣

– 《논어》〈이인편〉

오나라 사람 자유의 원래 이름은 언언言偃이고 자字는 자유로, 공자보다 45년 연하다. 문학과 제자 자유는 《논어》에 많이 등장하지 않으나 중요한 인물이다. 문학과에서 손꼽는 제자는 자유와 자하뿐이기 때문이다. 두 사람은 공자가 말년에 거둔 제자다. 이 장을 통해 자유에게서 공부하는 사람이 갖춰야 할 넓은 도량에 대해 배워보자.

뛰어난 안목의 소유자

자유는 고대의 경전을 비롯해 문헌 분야의 지식을 공부한 문학과 제자다. 문학을 공부하면 책에서 깨달음을 얻어 자연스럽게 포부가 커지고 안목이 넓어진다. 자유는 노나라 무성武城의 현장을 지낸 적이 있다. 당시의 일화가 《논어》〈옹야편〉에 기록되었다.

자유가 무성의 현장이 된 뒤 공자가 물었다. "좋은 인재를 찾았는가?"
이에 자유가 "담대멸명澹臺滅明*이란 자가 있는데, 길을 갈 때 지름길로
가지 않고 공무가 아니면 제 방에 오지도 않습니다"라고 말했다.

---

* 노나라 사람이며 자字가 자우子羽다. 공문 72현 가운데 하나로 공자보다 49년 연하다.

여기에서 "길을 갈 때 지름길로 가지 않는다"는 말을 보면 담대멸명이 얼마나 덕행을 갖춘 군자인지 알 수 있다. 공자는 속으로 '담대멸명이 정말 그렇게 대단한가?' 생각하며 의구심을 품었다.

하지만 《사기》〈중니제자열전仲尼弟子列傳〉에 보면 나중에 공자가 자신의 섣부른 판단을 후회한 부분이 나온다. "재아를 보며 그가 하는 말로 사람을 판단할 수 없음을 알았도다. 또 자우를 보며 사람은 외모로 가늠할 수 없음을 알았노라." 이 구절에서 자우는 담대멸명을 가리키는데, 인물이 얼마나 볼품없었는지 그에 대한 공자의 태도가 냉랭할 지경이었다. 공자에게 제대로 가르침을 받지 못한 자우는 스스로 학문에 정진했다. 반면 재아는 인물이 반듯하고 언변이 뛰어나 공자의 사랑을 받았다. 공자는 그의 겉모습을 보고 앞으로 크게 될 인물이라 생각한 것이다.

그러나 공자의 예상과 달리 자우는 공자를 떠난 뒤에도 홀로 학문 연구에 매진해 유명한 학자가 됐다. 많은 청년들이 그의 소문을 듣고 찾아와 배움을 청했으며, 그의 명성이 제후들에게 널리 알려졌다. 반면 재아는 천성이 게을러 공자가 아무리 열심히 가르쳐도 성적이 나빴고, 공자가 몇 번이고 타일렀지만 스승의 말씀에 귀 기울이지 않았다. 결국 화가 난 공자는 재아를 "아무 쓸모없는 썩은 나무"라고 비난했다. 뒷날 재아는 뛰어난 언변을 이용해 제나라의 관리가 됐으나, 얼마 지나지 않아 다른 이와 난을 일으켰다가 왕에게 죽음을 당한다.

공자는 제자가 워낙 많다 보니 인물이 좋지 않은 이도 더러 있었다.

공자도 사람인지라 그들의 겉모습을 보고 장래를 예측하는 실수를 저지른 것이다. 자유가 추천한 담대멸명은 나중에 초나라로 건너가 학문을 전했고, 제자 300명을 거뒀다. 그는 중국 남쪽 지역에서 처음으로 공자의 학설을 전한 학자다. 자유는 공자마저 소홀히 한 담대멸명의 사람됨을 알아본, 혜안을 갖춘 제자다.

백성과 함께 시서예악을 공부하다

자유는 훌륭한 안목을 갖췄을 뿐만 아니라 《시경》과 《서경》에도 능통해, 무성의 현장으로 있을 때 백성에게 《시경》을 가르쳤다. 당시 공자가 제자들을 데리고 무성을 지나다가 현악에 맞춰 노래 부르는 소리를 들었다. 《논어》〈양화편〉에 이 일화가 소개되었다.

> 공자가 무성에 갔을 때 현악에 맞춰 노래 부르는 소리가 들렸다. 공자가 빙그레 웃으며 "닭 잡는 데 어찌 소 잡는 칼을 쓰느냐?"라고 말하자, 자유가 대답했다. "제가 예전에 스승님께 군자는 도를 배움으로 사람을 사랑하고, 소인은 도를 배움으로 쉽게 부릴 수 있다는 말씀을 들었습니다." 이에 공자가 "자네들, 언의 말이 옳다네. 방금 전 내가 한 말은 농담일세"라고 말했다.

《논어》를 보면 공자가 빙그레 웃는 일은 흔치 않았다. 모두 알다시

피 공자는 웃는 일이 드물었으며, 눈물을 흘리거나 한탄할 때가 많았다. 다른 사람의 고통이나 시대의 위기를 느낄 때가 많으니 마음이 울적할 수밖에 없다. 하지만 이 구절에서 공자는 환하게 웃었다. 공자는 어째서 이렇게 웃었을까? 본래 《시경》을 가르칠 때는 나라를 다스리는 일에 사용하도록 했는데, 자유가 작은 현의 백성에게 시를 가르치니 공자의 눈에는 닭을 잡겠다고 소 잡는 칼을 쓰는 격으로 보인 것이다. 공자의 웃음은 자유를 탓하기 위함이 아니라 유머와 즐거움의 표현이라고 하겠다.

공자가 웃었다는 소식을 들은 자유는 그 길로 공자에게 달려와 항의했다. "스승님, 저희에게 관리가 인생의 도리를 배우면 백성을 사랑할 수 있다고 하시지 않았습니까? 이는 군자가 《시경》을 배우면 어떻게 해야 좋은 관리가 될 수 있는지 알게 된다는 말씀이지요. 또 백성이 도리를 배우면 쉽게 명령에 수긍할 수 있다고 하시지 않았습니까? 윗사람이 무엇을 시키면 도리를 깨우친 백성이 수월하게 협조할 테니까요. 배우지 못해 사리를 분별하지 못하고 자기에게 필요한 잇속만 챙기는 사람만큼 무서운 존재는 없습니다. 물론 사람이 자기 입장에서 생각하는 것은 본능적이고 당연한 일입니다. 하지만 교육을 받으면 자기 이익보다 다수의 이익을 생각하는 것이 장기적으로 큰 이익이란 사실을 알게 되지요."

자유는 비록 작은 현의 현장이나 백성에게 시를 가르쳐 처세의 도리를 알려주려고 한 것이다. 사실 공자는 자유가 그리한 것을 좋게 생각했다. 자유의 항의를 받은 뒤 공자가 "아까 내가 한 이야기는 농담일세"라고 말한 것을 보면 이를 알 수 있다.

자유는 도량이 넓은 사람으로, 스승에게 배운 《시경》을 백성과 함께 나눠서 뒷날 그들 중에 교육받은 인재가 배출되길 바랐다. 뿐만 아니라 담대멸명이란 인재를 알아본 안목으로 보건대, 자유는 작은 부분도 소홀히 하지 않은 대단한 인물이다.

특별히 《시경》을 가르친 이유

《논어》 〈위정편〉에 보면 다음과 같은 구절이 나온다. "《시경》의 시 300여 편을 한 마디로 말하면 진정眞情에서 나오지 않은 것이 하나도 없다고 하겠다."

고대의 문학인 《시경》은 진심 어린 감정에서 비롯됐기에 한 번 읽으면 쉽게 감동을 받고, 어린 시절의 순수한 감정과 젊은 시절의 이상을 떠올릴 수 있었다. 이 책 한 권을 통해 젊은 시절로 돌아간다고 할까. 예를 들어 우리에게도 익숙한 제1편 〈관저關雎〉를 보자. "구룩구룩 물수리는 강 모래섬에 살고, 얌전하고 아리따운 아가씨는 군자의 좋은 짝이라." 순수한 감정이 그대로 드러난 이 시처럼 《시경》을 읽은 사람은 금세 원시적인 진심의 상태로 돌아간다.

《논어》 〈양화편〉에 보면 공자가 제자들에게 《시경》을 가르치며 말했다. "너희는 어째서 《시경》을 배우지 않느냐? 《시경》은 그것으로 감흥을 불러일으킬 수 있고, 관찰할 수도 있으며, 여러 사람이 함께 모일 수도 있고, 원망할 수도 있다. 가까이 그것을 본받아 어버이를 섬길 수 있고 멀리 군주를 섬길 수도 있다. 또 새와 짐승, 나무와 풀의 이름도 많이 알 수 있느니라〔小子何莫學夫詩 詩, 可以興, 可以觀, 可以群, 可以怨. 邇之事父, 遠之事君, 多識於鳥獸草木之名〕."

공자는 이 말에서 '흥興, 관觀, 군群, 원怨' 네 글자를 언급했다. 쉽게 말해 '흥'이란 진심을 불러일으키는 감정이다. 사회에서 오래 살다 보면 진심을 간직하기 어렵다. 다른 사람과 만날 때도 사회적인 예의를 지켜야 하며, 아무 말이나 많이 할 수 없다. 오히려 하고 싶은 말을 절반만 하고, 사람을 만날 때도 자기 역할과 신분을 잊지 않으려고 노력한다. 때로는 복잡한 감정을 온전히 드러내지 못하며, 결국 어떤 마음이었는지 잊고 만다. 그러다 보면 한때 자신이 얼마나 젊었으며, 얼마나 큰 이상을 품었는지 기억할 수 없다. 그런 때 《시경》을 읽으면 마음속 진심을 불러일으킬 수 있다.

'관'이란 자신의 지조와 포부를 관찰하는 것인데, 이를 통해 자신의 지조와 포부가 《시경》 어느 구절의 묘사와 가장 가까운지 확인할 수 있다.

'군'이란 여러 사람이 함께 모이는 것을 가리킨다. 우리는 더불어 사는 사회에서 공통된 경험을 하기에 누구나 비슷한 감정을 느낀다. 이런 감정은 《시경》을 읽음으로써 정보를 공유할 수 있다. 또 사람의 감정은 억압되면 안 되기에 이를 통해 반드시 드러낼 수 있어야 한다.

'원'은 원망을 말한다. 사람들은 흔히 원망을 하지 말아야 할 행동이라고 여기는데, 사실 원망은 정상적인 감정이다. 《논어》에 보면 '원'이 20번이나 등장하는데, 감정을 묘사한 글자 가운데 가장 많은 횟수다. 살다 보면 굴욕을 당할 때도 있고, 자기 뜻을 마음껏 펼칠 수 없다고 느끼기도 하며, 사람들에게 오해를 사거나 핍박을 당하기도 한다. 이런 때 《시경》을 읽으면 도움 받을 수 있다. 우리는 이 책에서 내 경험과 비슷한 역사적 사례를 많이 찾을 수 있으며, 나보다 조건이 훨씬 나은 사람이 이상을 실현하지 못하거나 평생 억울함에 시달린 경우도 볼 수 있다. 《시경》을 읽으면 우리 감정은 '흥'에서 '관'으로, 뒤이어 '군'과 '원'의 순서로 옮겨 간다.

뿐만 아니라 《시경》을 읽으면 "정성으로 어버이를 봉양하고, 군주를 모실 수 있게 된다". 입신과 처세에 도움 받을 수 있다는 뜻이다. 《논어》〈양화편〉에 다음과 같은 이야기가 나온다.

> 공자가 아들 백어伯魚*에게 물었다. "너는 《시경》의 〈주남周南〉과 〈소남召南〉을 읽은 적이 있느냐?" 아들이 없다고 하자 공자가 말했다. "사람이 《시경》의 〈주남〉과 〈소남〉을 읽지 않으면 벽을 보고 선 것과 같으니라."

〈주남〉과 〈소남〉은 《시경》의 편명으로 수신修身과 제가齊家에 대한 내

---

* 이름은 리鯉, 자字가 백어다.

용이 담겼다. 그 때문에 공자는 이런 글을 읽지 않으면 벽을 보고 선 것처럼 아무것도 볼 수 없고, 어디로도 갈 수 없다고 말한 것이다. 당시 사람들은 다른 이들과 만남에서 말 한 마디 행동 하나까지 그렇게 할 근거를 《시경》에서 찾았다. 그래서 공자도 아들을 가르칠 때 "《시경》을 배우지 않으면 말의 근거가 없다(不學時, 無以言)"고 말한 것이다. '무이언無以言'은 말할 수 없다는 것이 아니라 안에 담긴 뜻을 말할 수 없다는 것이다. 고대에는 정치할 때 언어로 적당한 태도를 취하고 정책을 결정해야 하기에, 말에 근거가 없으면 큰 문제가 된다.

마지막으로 《시경》을 읽으면 "새와 짐승, 나무와 풀의 이름을 많이 알 수 있다." 실제로 《시경》에 소개된 '조수초목鳥獸草木'의 명칭만 해도 각각 수백 종이며, 합치면 1000종에 가깝다. 이렇게 《시경》을 읽으면 상식을 늘리고, 학문을 견고히 다질 수 있다. 자유가 백성에게 《시경》을 가르친 데는 그만한 이유가 있다. 고대의 《시경》은 대부분 노래로 부를 수 있었는데, 시와 노래는 분리할 수 없기 때문이다. 공자는 자유를 보며 포부가 원대한 제자라고 생각했다.

대동 사회를 꿈꾸다

자유는 공자 수하에서 함께 공부한 자하와 쟁론을 벌이기도 했다. 또래인 두 사람은 공자가 여러 나라를 주유할 때 거둔 제자로, 문학과에 속할 뿐만 아니라 실력도 엇비슷했다. 그들은 무엇 때문에 쟁론을 벌였을까.

자유는 자하가 제자들에게 청소하거나 손님을 맞고 들고나는 예 같은 자질구레한 행동 규범만 가르친다고 비판했다. 이 말을 전해 들은 자하는 자유의 말이 지나치다며 불쾌하게 여겼다. 그는 제자를 가르칠 때 외적인 행동 규범부터 일러주며 서서히 근본적인 사상을 가르쳐야 한다고 생각했기 때문이다. 반면 자유는 제자들에게 짧은 시간에 큰 도리를 가르치길 바랐다.

자유가 크게 잘못한 일이 있는데, 《맹자》〈등문공 상〉에 이 이야기가 기록되었다. 공자가 세상을 떠나고 제자들이 삼년상을 치른 뒤 짐을 꾸려 돌아갈 준비를 한 채 자공이 머무는 곳에 찾아가 읍하며 작별 인사를 하고 마주 보며 울다 목소리가 쉰 다음에야 그곳을 떠났다. 자공은 무덤 앞으로 돌아와 집을 다시 짓고 홀로 3년을 더 머문 뒤에 비로소 집으로 돌아갔다. 뒷날 자하와 자장, 자유가 유약有若*의 언행이 공자와 닮았다며 그를 공자처럼 모셔 예를 다하자고 증자에게 권유했다. 하지만 증자는 "그럴 수 없네. 양자강과 한수의 물로 씻고 가을 햇볕으로 말린지라 이미 희고 또 희어 무엇을 더할 수 없다네"라고 말했다.

당시 자유는 머리가 어떻게 된 것이 분명하다. 아무리 스승이 그리워도 제자를 스승의 자리에 앉혀 그와 함께하던 시절의 감정을 떠올리려고 하다니 말이다. 하지만 이 장에서 말하려는 주제는 자유의 넓은 도량으로, 《예기》〈예운禮運〉에 다음과 같은 구절이 나온다.

---

* 공자의 제자. 노나라 사람으로 자字는 자유子有이며, 공자보다 43년 연하다.

그때는 대도大道가 행해져 천하가 모든 사람의 것이었으며, 현명하고 능력 있는 인재를 뽑아 백성을 위해 일하게 했고, 사람들이 믿음을 중시하고 화목을 숭상했다. 그러므로 그때는 사람들이 자기 부모나 자녀만 돌보지 않고 노인들이 평생 편안히 살다 가실 수 있게 모셨고, 청장년은 사회를 위해 온 힘을 다해 일할 수 있었으며, 아이들은 순리대로 자랄 수 있었다. 또 홀아비, 과부, 고아, 자식이 없는 노인, 병든 자를 모두 공양할 수 있었다. 남자들은 다 직업이 있고, 여자들은 모두 제때 혼인할 수 있었다. 그때는 재물을 헛되이 낭비하는 것을 미워했으며, 자기만 위해 감추지도 않았다. 함께 일할 때 혼자 최선을 다하지 않는 행동을 미워했으나, 자기 이익만 위해 일하지도 않았다. 이런 이유로 음모가 통하지 않았으며, 도둑질이나 난이 일어나지 않아 집집마다 대문을 잠그지 않아도 됐는데, 이를 '대동大同 사회'라 한다.

이 글이 나온 배경이 있는데, 언젠가 공자가 임금과 함께하는 연말 제전을 마치고 나와 깊은 한숨을 내쉬었다. 곁에 있던 자유가 스승에게 물었다. "어째서 그리 한숨을 쉬십니까?" 이때 공자가 '대동 사회'에 관한 말을 했다. 공자가 허심탄회하게 이야기한 것은 도량이 넓은 자유가 자신의 이상을 더욱 발전시킬 수 있으리라 생각했기 때문이다. 공자는 이 말을 통해 대동 사회의 이상을 훌륭하게 표현했다. 그가 말한 이상 사회는 지금도 많은 사람이 갈망한다. 현명하고 능력 있는 인재를 선발해 사람들을 위해 일하게 하고, 사람들이 믿음을 중시하며 화목을 추구하는 사회, 약자가 보호받을 수 있고 보통 사람이 사회를 위해 봉사하고자 하는 사회⋯⋯ 사람들은 오늘도 이런 대동 사회를 꿈꾼다.

공자는 '소강小康 사회'에 대한 생각도 자유에게 들려줬다.

지금은 대도가 사라져 천하가 자기 것이 되고, 자기 부모와 자식만 돌보며, 재물과 힘도 자기를 위해 쓴다. 천자와 제후가 세습하기를 예로 여기고, 성곽에 물고랑을 파서 성을 지키며, 예의로 기율을 삼아 군신 관계를 바로잡고 부자 관계를 돈독히 하며 형제 관계를 화목하게 하고 부부 관계를 화합하게 했다. 제도를 세워 농토와 마을을 만들고, 용기 있고 지혜로운 자를 어질다 하며 자기를 위해 공을 세웠다. 여기에서 음모가 생겨나고 전쟁이 일어났다. 우임금, 탕왕, 문왕, 무왕, 성왕, 주공이 이를 통해 걸출한 인물이 됐다. 이 여섯 군자 중에 예법을 받들지 않는 이가 없었기에 예법으로 그 의를 드러내고, 신용을 고찰하며, 허물을 지적하고, 겸양을 중시하는 모범을 세워 백성에게 예법의 규칙을 똑똑히 보여줬다. 예법을 지키지 않는 자가 있으면 권력자라 해도 몰아냈으며, 백성도 이를 재앙으로 여겼다. 이런 사회를 소강이라 한다.

공자는 대동 사회의 이상이 실현되길 바랐지만, 그의 시대에 예악禮樂이 무너졌기에 예를 받들어 인을 펼칠 수 있기를 바랐다. 그는 큰 이상이 이뤄질 수 없다면 예의 힘과 활력이 회복되어 사람과 사람 사이 감정을 다시 조화시켜 인의 사상이 후세에 빛나기를 바란 것이다.

대동과 소강 사회에 대한 공자와 자유의 대화는 문헌으로 남아 사람들의 이상향이 됐다. 이런 사회는 쉽게 만들 수 없지만, 마음으로 이런 세상이 오기를 바라는 것이다. 대동 사회는 평소 공자가 밝혀온 "노인들이 안심하게 하고, 친구들이 나를 믿게 하며, 아이들이 보살핌을 받게 하겠다〔老者安之, 朋友信之, 少者懷之〕"는 포부와도 일치한다.*

벗을 사귀는 도리

자유는 임금을 섬기는 데 여러 번 간언하면 오히려 곤욕을 겪는다고 말했다. 임금이 나를 크게 신뢰하지 않은 상황에서 임금이 틀렸다는 사실을 알았다고 자꾸 떠들어대면 임금은 그 말에 귀 기울이지 않는다. 잘못을 다른 사람이 재촉해서 고칠 경우 체면이 떨어지는 것처럼 느껴지기 때문이다. 윗사람을 모실 때는 반복적으로 틀렸다고 이야기하면 안 된다. 또 그 일을 하지 않는다고 반드시 좋은 결과가 있으란 법도 없으니 자신을 삼가는 편이 낫다.

친구를 사귀는 것도 이와 마찬가지라, 자유는 친구 사이에 말을 많이 하지 말라고 당부했다. 이를테면 친구에게 나쁜 버릇이 있다고 자꾸 이야기하다 보면 그 친구와 멀어질 수밖에 없다. 자유는 사람과 사람이 사이좋게 지내려면 적당한 선에서 멈추고 자기 분수를 알아야 한

---

* '少者懷之'는 '젊은이들이 나를 따르게 하겠다'는 의미로도 풀이된다.

다고 생각했다. 친구를 사귀는 일은 자연스러운 요구로 동급생, 동향, 동업자 등 '동同'자만 들어가면 쉽게 사귈 기회가 생긴다. 하지만 친구를 사귈 때는 좋은 친구와 나쁜 친구를 구별할 줄 알아야 한다.

《논어》에는 '익자삼우益者三友'라 하여 이로운 친구로 '우직友直, 우량友諒, 우다문友多聞'을 소개했다. '우직'이란 정직하고 진실하며 솔직한 친구다. 하지만 이런 친구와 함께 있으면 부담스러울 수 있기에 '우량'을 보탰다. '량'은 이해 혹은 양해를 의미하니, '우량'은 믿음을 지킬 수 있는 친구다. 뿐만 아니라 우리는 더 많은 자극이나 깨달음을 얻기 위해 '우다원', 즉 지식이 풍부한 친구를 원한다.

잊지 말아야 할 점은 우리가 좋은 친구를 바라는 만큼 남들도 우리가 좋은 친구이기를 바란다는 사실이다. 그러므로 스스로 이 세 가지 덕목을 지키는 친구가 되도록 노력해야 한다.

《논어》에는 '손자삼우損者三友'라 하여 손해가 되는 친구도 소개했다. 바로 '우편벽友便辟, 우선유友善柔, 우편녕友便佞'이다. '우편벽'은 아첨하기를 좋아하는 친구, '우선유'는 비위 맞추기를 좋아하는 친구, '우편녕'은 말솜씨가 뛰어난 친구다. 이런 친구들은 당신이 무슨 말을 하든 받아줄 수 있지만, 하나같이 진심이 결여되었다. 진심이 없는 사람은 남과 사귈 때 진실을 말하지 않거나, 적당한 핑계로 둘러대기 때문에 결코 좋은 친구가 될 수 없다. 공자는 친구를 사귀는 데 분명한 견해가 있었지만, 자유는 어떻게 해야 좋은 친구가 될 수 있는지 구체적인 내용을 말하지 못했다.

결론

이상을 현실로 만들기 위해 노력한다

자유는 도량이 넓은 인물이다. 겉모습에 얽매이지 않고 담대멸명이란 인재를 알아본 안목, 평범한 백성에게 《시경》을 가르친 깊은 속내, 한탄하던 스승이 기꺼이 자신의 이상인 대동 사회에 대해 설명하게 한 진지한 태도를 보면 이를 알 수 있다. 자유가 묻지 않았다면 우리는 "그때는 대도가 행해져 천하가 모든 사람의 것이었다"는 명언을 듣지 못했을 수도 있다.

우리는 이 말을 당장 실현할 수는 없지만, 하나의 목표로 삼아 조금씩 그런 방향으로 나가도록 노력해야 한다. 이상을 금세 현실로 만들 수는 없지만, 이상이 없는 현실은 고인 물과 같아 나갈 방향을 잃고 흐르지 않는다. 이런 상태가 지속되면 삶의 의미를 잃어버리고 만다. 그러므로 사람은 사는 동안 향상하려고 노력해야 하며, 사회는 발전적인 방향으로 나가야 한다. 자유의 넓은 도량을 통해 알 수 있듯, 유가의 사상이 발전해야 할 방향은 명확하다. 우리는 이를 함께 연구해서 깨달음을 얻어야 한다.

"하는 말마다 스승의 미움을 받은 반면교사"

재아의 변론

9장

재아
宰我

재여가 낮잠을 자자 공자가 말했다.
"썩은 나무로 조각을 할 수 없고,
더러운 흙으로 벽을 발라도 매끄럽게 할 수 없다.
내 어찌 여를 탓할 수 있겠는가?"
공자가 또 말했다.
"예전에 나는 다른 사람을 대할 때
그의 말을 듣고 그의 행동을 믿었다.
하지만 지금 나는 다른 사람을 대할 때
그의 말을 듣고 그의 행동을 다시 살핀다.
여를 보며 나의 태도를 바꾼 것이다."

宰予晝寢, 子曰：朽木不可雕也, 糞土之牆不可杇也. 於予與何誅

子曰：始吳於人也, 聽其言而信其行 ; 今吳於人也, 聽其言而觀其行. 於予與改是

– 《논어》 〈공야장편〉

노나라 사람 재아의 원래 이름은 재여宰予이며, 자字는 자아子我이고, 공자보다 29년 연하다. 공자는 언젠가 "재아를 보며 그가 하는 말로 사람을 판단할 수 없음을 알았도다. 또 자우를 보며 사람은 외모로 가늠할 수 없음을 알았노라"라고 말했다. 공자는 자우(담대멸명)의 못난 외모를 보고 앞날이 별 볼 일 없으리라 여겼으나, 뒷날 뛰어난 학자가 됐다. 반면 재아는 말솜씨가 뛰어나 훌륭한 인재가 되리라 생각했으나, 공자의 예상은 빗나가고 말았다.

재아는 유난히 언변이 좋아 언어과에서도 실력이 첫손에 꼽혔으며, 자공이 그다음이었다. 하지만 공자는 뛰어난 말솜씨보다 인덕을 강조했다. 그 때문에 재아는 머리가 뛰어나도 하는 말마다 공자의 거센 비난을 받았다. 그는 《논어》에 고작 다섯 번 등장해서 자료가 부족하기에 좀더 자세히 연구할 필요가 있다.

그의 말을 듣고 그의 행동을 살피다

재아에게는 어떤 특별한 점이 있었을까? 그는 우리가 반면교사로 삼을 만한 인물이다. 《논어》의 세 부분을 들어 재아에 대해 살펴보자.

첫 번째는 《논어》〈옹야편〉에 나오는 일화다. 재아는 스승인 공자에게 인자가 돼야 하며, 인을 행해야 한다는 말을 종종 들었다. 하지만 재아는 그 말의 의미를 제대로 알지 못했다. 공자는 인의 개념을 충분히 운용할 줄 알고 인을 행하는 것을 인생의 목표로 삼은 사람이지만, 재아는 그런 사람이 아니기 때문이다. 그는 일부러 "스승님, 인자에게 누가 '우물에 인이 있다'고 알려준다면 그는 그 속으로 뛰어들어야 합니까?"라고 비꼬듯 물었다.

영리한 재아가 고의로 이런 질문을 했음을 알아챈 공자는 기분이 좋지 않았다. "군자에게 그곳에 가도록 할 수는 있지만, 우물에 뛰어들게 할 순 없다. 우물 속에 인이 있다고 속일 수는 있지만, 군자가 도리를 분별하지 못하게 할 순 없지 않느냐. 어찌 그처럼 군자를 어리석게 볼 수 있느냐?" 재아는 인자에 대해 물었지만 공자는 군자를 들어 대답했다. 군자는 인과 지혜를 함께 사용할 줄 알기 때문이다. 공자는 함정을 파서 자신을 조롱하려고 한 재아가 진심이 부족한 점을 언짢아했다.

두 번째 이야기는 《논어》〈공야장편〉에 실렸다. 이번에는 문제가 심각해서 재아가 대낮부터 늘어지게 자고 있다. 요즘 사람들은 '낮잠 자는 게 뭐 대수라고 심각한 문제 운운하나' 생각할 것이다. 하지만 당시는 전등이 발명되지 않아 사람들은 대부분 해가 뜨면 일하고, 해가 지면 휴식을 취했다. 밤이면 충분히 자기 때문에 낮에는 거의 자지 않았다. 몸이 아프지 않다면 열심히 공부하는 것이 옳은 일이다.

그런데 재아가 대낮부터 자고 있으니 공자는 기회를 잡은 것처럼 크게 화를 냈다. "썩은 나무로 조각을 할 수 없고, 더러운 흙으로 벽을 발라도 매끄럽게 할 수 없다. 내 어찌 여를 탓할 수 있겠는가." 썩은 나무로 조각을 하면 망가지기 쉽고, 질이 떨어지는 흙은 어떻게 발라도 벽을 평평하게 만들 수 없다. 진심이 없다면 겉에 공을 들여도 소용 없다는 의미다.

뒤이은 공자의 말은 지금도 많은 사람들이 인용한다. "예전에 나는 다른 사람을 대할 때 그의 말을 듣고 그의 행동을 믿었다. 하지만 지금 나는 다른 사람을 대할 때 그의 말을 듣고 그의 행동을 다시 살핀다. 재아를 보며 나의 태도를 바꾼 것이다." '그 말을 듣고 그 행동을 살피다'라는 말이 여기에서 유래했다. 공자는 원래 사람의 말을 쉽게 믿었으나, 말솜씨가 뛰어난 재아를 만난 뒤 그가 듣기 좋은 말만 하고 실천에 옮기지 못한다는 사실을 발견했다. 그 때문에 공자는 '그 말을 듣고 그 행동을 믿는' 것이 아니라 '그 말을 듣고 그 행동을 살피게' 되었다.

세 번째 일화는 《논어》 〈팔일편〉에 나온다. 뒷날 관리가 된 재아에게 하루는 노애공이 '사社'란 무엇이냐고 물었다. '사'란 토지신을 의미한다. 고대에는 나라를 세울 때 '사'도 함께 세웠으며, 도성에 있는 적당한 나무를 사주社主로 삼았다. 나무가 있는 곳에 사주가 있고, 나무로 만든 위패와 제사를 지내는 사당이 있었다. 노애공의 질문에 재아는 어떻게 대답했을까? 그는 자신의 지식을 뽐내듯 말했다. "하나라 사람은 소나무를 쓰고, 은나라 사람은 측백나무를 썼지만 주나라 사람은 밤나무를 썼지요〔夏后氏以松, 殷人以柏, 周人以栗〕." 그는 뒤이어 '사민전률使民

戰慄'*이란 말을 덧붙였다.

재아가 언급한 나무는 각각 숨은 의미가 있다. 이를테면 하나라는 어째서 사주로 소나무(松)를 사용했을까? 이는 하나라가 아직 원시시대라 백성에게 여유로웠기(寬鬆 : 넓을 관. 소나무 송 혹은 느슨할 송) 때문이다. 은나라가 측백나무를 사용한 것은 측백나무(柏)가 '넓음(博大)'을 의미하니 백성에게 엄격히 요구하지 않았다는 뜻이다. 그렇다면 주나라에 와서 밤나무(栗)를 사용해 백성을 전율하게 했다는 것은 무슨 말일까? 당시 노나라는 넷으로 나뉘었는데, 재아는 노애공이 무력을 써서라도 나라를 통일하기 바랐기에 일부러 주나라의 밤나무 이야기를 꺼낸 것이다.

나중에 이 말을 들은 공자는 눈살을 찌푸리며 말했다. "지나간 일은 다시 말하지 말고, 한 일은 다시 설득하지 않으며, 지나간 일은 더 탓하지 않겠다." 공자는 재아가 임금과 이야기할 때 무력이나 끔찍한 수단을 사용하라고 권하지 않길 바랐다. 관리된 자가 어찌 백성을 두렵게 만들라고 할 수 있단 말인가. 재아는 학식이 부족한 사람은 아니었다. 그러나 이런 식으로 왕에게 대답하는 것은 나라에 부정적인 영향을 끼치는 일이 될 수 있다. 공자가 재아를 훈계한 것은 당연한 일이다.

---

* 백성을 전율케 하다.

끝까지 자기 생각만 변론한 제자

앞서 소개한 세 이야기를 통해 알 수 있듯이 공자는 재아에게 불만이 많았다. 《논어》에 재아가 등장하면 공자에게 욕먹는 일이 태반이었다. 재아는 우리가 반면교사로 삼을 만한 대표적 인물이라 할 수 있다. 재아의 진정한 능력은 《논어》에 마지막으로 나오는 장면에서 드러난다. 그는 변론의 고수로 우리가 그 능력을 배운다면 다른 사람들과 토론할 때 눈에 띄는 활약을 할 수 있을 것이다. 이 부분이 중요한 것은 공자의 사상을 처음부터 끝까지 다시 한 번 검증해볼 수 있기 때문이다.

《논어》〈양화편〉에 다음과 같은 이야기가 실렸다. 재아는 공자에게 종종 삼년상(25개월)에 대해 물었다. 고대에 삼년상은 올바른 예법이었으나, 재아는 이에 의문을 품고 공자에게 물었다. "스승님, 삼년상은 지나치게 깁니다." 그가 이렇게 생각한 데는 두 가지 이유가 있다. 하나는 '군자가 3년이나 예를 행하지 않으면 예가 황폐해지고, 군자가 3년이나 음악을 연주하지 않으면 음악이 어지러워질 것'이기 때문이다.

이유를 들으면 꽤 설득력이 있는 말이다. 실제로 3년 동안 예를 행하지 않고 음악을 연주하지 않는다면, 예법의 세목을 잊고 연주하려 해도 손가락이 무뎌져 악기를 탈 수 없을 것이다. 인문人文의 세계에서 3년은 제법 긴 시간이다. 예나 음악을 익히고 숙련되는 데도 시간이 필요한데, 25개월이나 손대지 못하면 결국 잊어버릴 테니 이처럼 심각한 일이 어디 있겠는가. 인문의 세계에서 3년은 지나치게 길다는 것이 재아가 든 첫 번째 이유다.

다른 하나는 자연自然의 세계에서 "묵은 곡식을 다 먹은 뒤 햇곡식이 나오고, 수목燧木*을 다 사용하는 기간이 1년"이기 때문이다. 고대에는 1년이면 묵은쌀을 다 먹고 햅쌀이 나왔으며, 계절마다 서로 다른 나무에 구멍을 내어 불을 붙였다. 그러므로 재아는 자연의 변화가 한 번 순환하는 1년 동안 상을 치르면 된다고 생각했다.

인문의 세계에서 3년은 길고, 자연의 세계에서 1년은 적당하니 일년상一年喪을 치르자고 한 것이다. 이는 오늘날 듣기에는 날카롭고 일리 있는 주장이다. 무엇보다 재아는 인문의 세계를 고려한 다음 자연의 세계와 교차점을 찾아 초상 치를 기간을 정했다. 이렇게 논리 정연한 이유를 반박하기란 쉽지 않다.

내가 공자라면 어떻게 했을까? 아마도 나는 재아에게 다음과 같이 물었을 것이다. "당신이 직접 조사나 실험을 해봤습니까? 정말 3년 동안 상을 치르면 예와 음악이 무너집니까? 어떤 사람은 4년이 될 수도 있고, 어떤 사람은 1년이 될 수도 있지 않을까요? 게다가 우리가 사는 사회는 뭐든 상대적인 백분율로 계산하는데, 어떻게 한 가지 정설을 세울 수 있단 말입니까. 예를 들어 사고가 날 확률이 10퍼센트인 고속도로가 있다고 합시다. 차를 몰 때 사고 날 가능성이 10퍼센트라고 그

---

* 불을 붙이는 나무.

고속도로에 가지 않겠습니까? 신중하게 운전하면 90퍼센트는 사고가 나지 않는데 조사가 무슨 의미가 있단 말입니까. 또 산둥 지역은 1년에 한 번 추수했지만, 다른 지역에서는 세 번 할 수도 있지 않습니까? 예전에는 불을 피우는 수목을 썼지만, 지금은 가스난로 같은 제품을 쓰지 않습니까?"

공자는 이처럼 상대적인 근거를 들어 시비를 가리는 대신 사람의 마음에 직접적으로 초점을 맞췄다. 공자는 재아에게 "삼년상을 지키지 않은 채 흰쌀밥을 먹고 비단옷을 입으면 네 마음이 편안하겠느냐?"라고 물었다. 재아는 부모가 돌아가시면 삼년상을 치른다는 사회규범에 대해 물었지만, 공자는 인간의 심리적 상태에 초점을 맞춰 "네 마음이 편안하겠느냐?"라고 되물었다. 본래 사회규범이란 인간의 심리적 요구를 어느 정도 수용해 설정한 것이나, 한 사람의 심리가 불안한지 아닌지는 주관적인 견해이기 때문이다.

공자는 이런 질문을 했을 때 재아가 "스승님, 그 점은 제가 미처 생각하지 못했습니다. 정말 감사드립니다"라고 답하길 바랐을 것이다. 하지만 재아는 뜻밖에도 "편안합니다"라고 대답해서 좋은 제자가 될 기회를 날려버렸다. 재아는 굳이 이렇게 시시비비를 따져야 했을까? 그와 스승의 변론은 단순한 입씨름이 아니라 사람의 인생이 구체적으로 어떻게 발전할 수 있는가 하는 문제였다.

재아는 어째서 "편안합니다"라고 말해선 안 되었을까? 재아가 공자에게 가르침을 받을 때 부모님이 살아 계셨다면 그토록 냉정하게 이야기할 수 있었을까? 부모님이 돌아가신 지 고작 1년 만에 잘 먹고 잘 입으며 마음이 편할 수 있다는 말을 재아의 부모님이 들었다면 섭섭하셨을 것이다. 반대로 부모님이 돌아가신 뒤라면 재아가 다시 상 치를 일은 없지만, 예전에 삼년상을 치를 때 마음에도 없는 일을 억지로 했다는 뜻이 된다. 그러므로 공자가 "네 마음이 편안하겠느냐?" 물었을 때 재아는 부모님이 살아 계시든 돌아가셨든 함부로 대답해서는 안 되었다. 하지만 재아는 시비를 가려서 이기고 싶은 마음에 "편안합니다"라고 대답했다.

이런 상황에서 공자가 할 수 있는 말은 하나뿐이었다. "네가 편안하다면 그렇게 하라." 뒤이어 공자는 다음과 같은 말을 덧붙였다. "군자가 그렇게 하는 것은 맛있는 음식을 먹어도 맛을 구별할 수 없고, 음악을 들어도 즐겁지 않으며, 좋은 집에 있어도 편하지 않기 때문이다. 하지만 너는 편안하다고 하니 네 생각대로 하려무나." 다시 말해 군자라면 부모가 돌아가시고 3년은 이런 일을 하기를 원치 않으며, 삼년상을 치른 뒤에야 정상적인 생활을 회복한다는 뜻이다. "네가 편안하다고 하니 그렇게 하려무나"라는 말을 들은 재아는 스승이 언짢아한다는 사실을 눈치 채고 바로 자리를 떠났다.

공자는 재아가 사라진 뒤에도 제자들에게 그를 비판하는 말을 했다. 하지만 공자가 이렇게 한 것은 재아를 욕하기 위함이 아니라, 그 자리에 있는 제자들에게 바른 가르침을 주기 위해서다. 뒤이어 공자가 한 말은 지금까지 많은 사람에게 회자되는 명언이다.

"아이가 태어나면 3년이 돼야 비로소 부모의 품을 떠날 수 있다. 부모를 위해 삼년상을 치르는 것은 세상 사람 누구나 하는 일이다. 재아도 3년 동안 부모의 품에 안겨 사랑은 받아보았는가(子生三年, 然後免於父母之懷. 夫三年之喪, 天下之通喪也. 予也有三年之愛於其父母乎)."

나는 젊은 시절 《논어》에서 '자생삼년, 연후면어부모지회子生三年, 然後免於父母之懷'라는 구절을 읽고 무척 감동했으며 공자를 새롭게 봤다. 이 말은 인간의 생리적·심리적 상황을 모두 설명한다. 유아기에는 하나부터 열까지 부모의 도움을 받을 수밖에 없다. 고대에는 남자가 바깥일을, 여자는 집안일을 했다. 당연히 아이를 보는 일도 집에 있는 어머니 몫이었는데, 아기가 세 살은 넘어야 부모의 품을 떠날 수 있다는 사실을 안 것을 보면 공자의 관찰력이 뛰어나다고 하겠다. 이처럼 철학이란 생활의 경험에서 벗어날 수 없다. 생활의 경험이 결여됐다면 대체 누구를 위한 철학이란 말인가.

우리는 공자의 생활 밀착형 지혜에 감동하지 않을 수 없다. 사람은 태어나 3년은 부모의 품에 안겨 지내야 하며, 그 뒤에도 정상적인 성장을 하려면 한참이나 보살핌을 받아야 한다. 그동안 부모님이 우리를 위해 얼마나 많은 고생을 하실지 가늠하기 어렵다. 여기에서 내가 강조하고 싶은 점은 사람은 다른 동물과 비교할 때 생활의 시작점이 '0'이란 사실이다. 세상에 사람의 아이만큼 쓸모없고 연약하며 도움이 되지 않는 존재도 없다. 사람이 동물 중에 가장 긴 의존기를 보내기 때문이다.

한 가지 예를 들어보자. 고양이는 평균수명이 12.5년이고 사람의 평균수명이 75세인데, 그중 3년은 얼마나 긴 기간일까? 사람에게 3년은 인생의 25분의 1이며, 이를 고양이에게 적용하면 6개월이다. 세 살짜리 아이와 6개월 된 고양이를 비교하면 그 차이가 얼마나 큰지 알 수 있다. 6개월 된 고양이는 누구보다 빨라 사람이 쉽게 잡지 못하며, 번식도 할 수 있다. 하지만 세 살 된 아이는 뛰기는커녕 간신히 아장아장 걸을 뿐이며, 말을 하지 못하는 경우도 있다. 사람의 아이는 가장 연약한 존재로 부모의 오랜 보살핌이 필요하다. 생리적으로 부모에 대한 의존기가 가장 길뿐더러, 이 기간 동안 심리적인 면에서도 부모와 깊은 감정적 소통을 나누기 때문이다.

이처럼 고대인은 생리적인 요소와 심리적 요소, 나아가 논리적 요소를 근거로 몇몇 규칙을 정했다. 삼년상 역시 부모에 대한 존경과 감사를 표하기 위한 규칙이다. 이상은 인성에 대한 공자의 견해로, 우리가 이런 공자의 생각을 안 것은 어찌 보면 재아가 있었기 때문이다.

재아는 사고를 즐기고 변론을 좋아했기에 시비를 가리기 위한 근거로 충분히 납득이 가는 이유를 들었다. 공자가 이야기의 초점을 옮겨 자신이 생각하는 인성에 대해 열심히 설명한 것도 그 때문이다. 덕분에 우리는 생리와 심리, 더 나아가 논리를 아우른 인성에 대한 공자의 견해를 알게 됐다.

유가가 궁극적으로 이야기하고자 하는 것은 논리로, 오륜伍倫이 좋은 예다. '부자유친父子有親, 군신유의君臣有義, 부부유별夫婦有別, 장유유서

長幼有序, 붕우유신朋友有信'이란 오륜은 어떻게 생겨났을까? 이는 인간의 감정의 필요에서 생리적인 실천까지 확대된 규범으로 '효제孝悌'라고도 한다. 부모를 공유한 형제자매는 부모에게 효도를 다하고, 형제자매와 우애 있게 지내야 마땅하다. 유가에서 효제를 바른 처세의 근본으로 삼는 이유는 사람이 다른 동물보다 훨씬 긴 생리적 의존기를 보내기 때문이다. 이는 타고난 조건으로 아무도 바꿀 수 없으며, 이 점을 외면하면 사람이라고 할 수 없다.

재아가 물은 삼년상에 대한 공자의 대답에는 보편적인 의미도 있다. 사람은 부모가 상심하거나 슬퍼하면 불안할 수밖에 없기 때문이다. 이를테면 공자의 대답은 어린 시절의 생활 경험에서 비롯된 감정과 부모가 처한 상황을 온전히 결합한 내용이다. 유가에서 효도를 바른 처세의 기본이라 강조하며 100가지 선 가운데 효가 우선이라고 말하는 것도 같은 맥락이다.

여기에서 맹자가 "내 어르신을 공경해 다른 어르신들을 공경하며, 내 아이를 사랑해 다른 아이들도 사랑한다"라고 말한 윤리 수준까지 확대하다 보면 세상 사람들에게 그 영향력을 미칠 수 있다. 이런 과정 없이 단숨에 세상 모든 사람에게 관심과 애정을 보이라고 강요하면 실천하기 매우 어렵다. 나의 가족과 친척, 친구, 동료에서 천천히 다른 사람들에게 관심을 넓혀가야 한다.

나는 종종 젊은 친구들에게 시간이 나면 사진첩을 살펴보라고 권한다. 부모 품에 안긴 아기 사진, 유치원과 초등학교, 중학교 졸업 사진을 보면 자신이 어떻게 성장해왔는지 한눈에 알 수 있으며, 산보다 높고 바다보다 깊은 부모님의 사랑이 나를 지켜왔음을 새삼 깨닫는다. 효도는 지극히 당연한 기본적 도리다. 생리에서 심리, 논리로 연결하면 인성은 진심에서 시작해 내면에서 우러나온 힘을 바탕으로 원시의 감정을 회복한다. 효도와 우애, 신용, 도의 등은 모두 그런 원시의 감정으로, 이를 지키는 것은 매우 자연스러운 일이다. 재아 덕분에 우리는 인성에 대한 공자의 진실한 생각을 알았으며, 깊이 생각해볼 만한 자료를 얻었다.

공자를 상대로 한 재아의 고집스러운 변론을 보며 우리는 한 가지 사실을 깨닫는다. 진심이 있다면 인생의 바른길을 찾을 수 있다는 희망이다. 외적인 이익에 집착해서 가식적으로 말하거나 행동하면, 많이 얻는 만큼 훨씬 더 많이 잃을 것이다. 성경에 이런 구절이 있다. "사람이 온 세상을 얻고도 제 목숨(영혼)을 잃으면 무슨 소용이 있겠느냐?" 세상을 얻고 진정한 나 자신, 내 영혼을 잃는다면 대체 무슨 의미가 있겠는가. 기독교에서는 세상을 잃는 대신 진정한 자아, 즉 영혼을 지키면 천국에 갈 수 있다고 말한다. 유가에서는 스스로 도리에 어긋나지 않음을 알면 가장 큰 기쁨을 누릴 수 있다.

마지막으로 재아에 관한 이야기를 하나 덧붙인다. 언젠가 공자가 초나라에 이르렀을 때 소왕昭王이 그를 관리로 등용하고자 했다. 이 소식을 들은 공자가 자신보다 앞서 재아를 소왕에게 보냈다. 말솜씨가 뛰어난 재아가 스승의 요구 사항과 생각을 잘 전할 수 있으리라 믿었기 때문이다. 재아와 여러 가지 이야기를 나눈 소왕은 매우 만족하며 공자에게 화려하고 값비싼 마차 여러 대를 보내주려 했다. 이에 재아가 단호하게 말했다.

"스승님이 원하시는 것은 마차가 아닙니다. 스승님의 관심은 이상을 실현할 수 있는가, 백성을 보살필 수 있는가 하는 점뿐입니다. 왕께서 진정으로 스승님을 관리로 쓰시려 한다면 스승님은 먼 길이라도 기꺼이 걸어오실 겁니다. 그러니 화려한 마차는 주시지 않아도 됩니다."

재아가 이 사실을 보고하자, 공자도 잘했다고 칭찬했다. 이 무렵에는 재아도 생각의 수준이 제법 높아진 모양이다. 그는 임금의 상을 받기보다 신임을 얻어 백성을 돌보는 것이 훨씬 중요하다는 사실을 알았다. 그렇기에 초나라 소왕이 관리로 등용한다면 스승이 기쁘게 걸어올 수 있다고 말한 것이다. 공자의 칭찬으로 재아의 말솜씨가 드디어 정상 궤도에 올랐다고 할 수 있다.

자신을 수련하여 꾸준히 성장한다

《맹자》〈공손추 상〉에 보면 재아가 공자를 칭송한 모습이 나온다. "내가 관찰하건대 스승님은 요임금, 순임금보다 훨씬 뛰어나다."

이는 과장일까, 어느 정도 근거 있는 이야기일까? 나는 충분한 근거가 있다고 생각한다. 요순시대는 매우 작은 사회로, 요순 이후 하(夏)나라가 세워졌으나 여전히 낙후된 상태였다. 따라서 요순시대에는 할 수 있는 일에 한계가 있었다. 하지만 공자가 마주한 현실은 예악이 붕괴된 복잡한 시대로, 그는 주나라의 문화를 되살리고 천하를 다시 안정하겠다는 포부를 품었다. 그러므로 공자가 요순보다 뛰어나다는 재아의 말은 그럴듯한 개인적 평가라고 할 수 있다.

그렇다고 공자를 맹목적으로 숭배해서는 안 된다. 공자 역시 평범한 사람으로 천천히 성장했을 뿐, 그가 한 일은 우리도 할 수 있다. 이를 테면 진실하게 자신을 수련하고 각 방면에서 시대와 발맞춰 나가다 보면 꾸준히 성장할 수 있다. 재아 역시 겉으로 보기에는 《논어》에 등장할 때마다 공자에게 혼나기 바쁜 것 같지만, 우리에게 깊은 깨달음을 주지 않았던가.

"다양한 가르침을 구하고 뜻을 세우는 힘"

자장의 뜻 세우기

10장

자장이 어찌해야 행함이 통할 수 있는지 묻자,

공자가 대답했다.

"말에 진심이 있고 신용을 지키며 행동이 성실하고 진지하면

오랑캐의 땅에 있어도 행함이 통할 수 있다.

하지만 말에 진심이 없고 신용을 지키지 못하며

행동이 성실하지 않고 경솔하면

자신의 고향에 있다 해도 행함이 통할 수 있겠느냐?

서 있을 때는 이 글자들이 눈앞에 있는 것처럼 보고,

마차에 앉았을 때는 이 글자들이 횡목 위에 새겨진 것처럼 보거라.

이렇게 하면 행함이 통할 것이다."

자장이 이 말을 자기 옷의 허리띠에 적어두었다.

子張問行, 子曰 : 言忠信, 行篤敬, 雖蠻貊之邦, 行矣. 言不忠信, 行不篤敬, 雖州里行乎哉

立則見其參於前也, 在輿則見其倚於衡也. 夫然後行. 子張書諸紳

－《논어》〈위령공편〉

진陳나라 사람 자장의 원래 이름은 전손사顓孫師이고 자字가 자장이며, 공자보다 48년 연하다. 이 책에 소개하는 공자의 제자 열 명 가운데 자장을 마지막에 둔 것은 특별히 '입지立志', 즉 뜻을 세우는 일에 대해 언급하기 위해서다. 무엇이든 배운 다음에야 진정한 실천을 할 수 있는데, 우리 생활에서 이를 실현하려면 우선 뜻을 세워야 한다.

사람이 살면서 하루하루 시간을 대충 보내기는 어렵지 않다. 중요한 것은 어떤 날들을 보내느냐 하는 문제다. 앞으로 살아갈 날 동안 당신은 어떤 인생을 계획하고, 장래에 어떤 성과를 거두려 하는가. 이는 자신이 책임져야 할 일로, 그 때문에 공자도 제자들을 가르칠 때 '입지'를 중시했다. '지志'란 글자는 '선비사士'와 '마음심心'을 결합한 것으로, '선비의 마음'이라고 풀이할 수도 있다.

자장은 공자가 여러 나라를 주유할 때 진나라에서 거둔 제자다. 진나라를 지날 때 공자는 일생에서 가장 곤란한 시험에 들었다. 진나라와 채나라 사이에 갇힌 공자 일행은 며칠이나 굶어서 꼼짝도 못했다. 공자가 말년에 거둔 자장은 종종 활발한 모습을 보였다. 《논어》에 보면 가장 많이 등장하는 제자가 자로, 그다음이 자공, 그다음이 자장으로 안회와 비슷하게 나온다. 자장은 왜 이렇게 자주 등장할까? 이에 대한 궁금증을 간직한 채 우리가 자장이 됐다고 가정하고, 어떻게 뜻을 세워야 인생의 바른길을 갈 수 있을지 공자에게 가르침을 청해보자.

스승의 가르침을 허리띠에 쓰다

《논어》를 읽어본 사람은 느끼겠지만, 자장은 성격이 직접적이다. 그는 어쩌면 그렇게 대담할 수 있었을까? 《논어》〈위정편〉에 보면 그런 예가 기록되었다.

자장이 간록에 대해 배우려 하자, 공자가 말했다. "많이 듣고 의심스러운 부분은 미뤄두고 신중하게 자신 있는 것만 말하면 다른 이들의 책망을 덜 수 있으며, 많이 보고 부적합한 부분은 미뤄두고 신중하게 자신 있는 것만 하면 스스로 후회를 덜 수 있다. 말에 책망이 적고 행동에 후회가 적으면 관직과 녹봉을 얻는 데 큰 문제가 없다."

'간록干祿'이란 벼슬자리를 하면 받는 녹봉이다. 고대에 공부한 사람은 대부분 출사해서 공을 세워 이름을 떨치고, 백성을 평안하게 하길 바랐다. 여기에서 주목할 점은 자장이 어떻게 하면 녹봉을 받을 수 있느냐고 스승에게 직접적으로 물었다는 사실이다.

이와 대조가 되는 사례가 번지의 일화다. 그는 스승과 오랫동안 함께한 뒤에도 직업을 찾기 어려우니, 농사를 지으려고 스승에게 가르침을 구했다. 이에 공자가 "나는 경험이 풍부한 농부만 못하다"고 답했다. 번지가 다시 어떻게 하면 채소를 키울 수 있는지 물었다. 이에 공자가 "나는 경험이 많은 채소 농사꾼만 못하다"고 대답했다. 번지가 자리를 떠나자, 공자는 "번지는 정말 포부가 없는 사람이로구나!"라며 고개를 가로저었다. 공개적으로 번지를 소인이라 부르며 포부가 없다고 말한 것을 보면 공자는 그가 꽤나 마음에 들지 않은 모양이다. 하지만 공자는 자장이 어떻게 해야 관직과 녹봉을 얻을 수 있느냐고 물었을 때는 앞서 소개한 것처럼 직접적인 대답을 들려줬다.

"말에 책망이 적고 행동에 후회가 적으면 관직과 녹봉을 얻는 데 큰 문제가 없다"는 말에는 사람이 살면서 주의해야 할 두 가지, 즉 '말'과 '행동'이 있다. 어떻게 말하고 어떻게 행동해야 옳을까? 평소 우리가 사람을 만나면서 하는 일이 이 두 가지 아닌가.

아침에 일어나면 다른 사람이 하는 말을 듣고, 종종 말하는 것 자체가 고역이란 기분을 느낀다. 그러다 보면 가십이나 남의 스캔들 따위를 떠든다. 다른 사람들은 당신과 있으면 별 재미도 없는 소식이나 듣는다고 생각할 수밖에 없다. 그러므로 말할 때는 신중을 기해 내용과 의미가 있으며, 듣는 사람이 뭔가 얻을 수 있는 말을 해야 한다. 또 행동할 때는 그 행동이 믿음에 어긋나지 않고 독창적인 면이 있어, 우리 생활을 개선할 수 있는지 주의해야 한다. 공자는 제자들에게 말과 행동을 조화시키는 문제를 구체적으로 가르쳤다.

네덜란드에서 학생들을 가르칠 때 《논어》에 나오는 구절 하나를 좌우명으로 삼으려고 찾다 보니 〈위령공편〉에 실린 자장과 공자의 대화가 눈에 들어왔다.

자장이 어찌해야 행함이 통할 수 있는지 묻자, 공자가 대답했다. "말에 진심이 있고 신용을 지키며 행동이 성실하고 진지하면 오랑캐의 땅에 있어도 행함이 통할 수 있다. 하지만 말에 진심이 없고 신용을 지키지 못하며 행동이 성실하지 않고 경솔하면 자신의 고향에 있다 해도 행함이 통할 수 있겠느냐? 서 있을 때는 이 글자들이 눈앞에 있는 것처럼 보고, 마차에 앉았을 때는 이 글자들이 횡목 위에 새겨진 것처럼 보거라. 이렇게 하면 행함이 통할 것이다." 자장이 이 말을 자기 옷의 허리띠에 적어두었다(子張問行, 子曰 : 言忠信, 行篤敬, 雖蠻貊之邦, 行矣. 言不忠信, 行不篤敬, 雖州里行乎哉 立則見其參於前也, 在輿則見其倚於衡也. 夫然後行. 子張書諸紳).

'언충신, 행독경, 수만맥지방, 행의言忠信, 行篤敬, 雖蠻貊之邦, 行矣'란 말을 풀이하다 보면 네덜란드 사람들에게 미안한 감이 없지 않다. 공자가 말한 땅은 낙후되고 발달되지 않은 곳이지만, 네덜란드는 고도로 발달한 나라 아닌가. 당시 나는 황량하고 낙후된 곳에서 행함이 통한다면 네덜란드 같은 선진국에서도 통하지 않을 리 없다고 생각했다. 그래서 네덜란드에 머무는 1년 동안 남과 이야기할 때면 내가 한 말을 직접 듣고, 무슨 일을 할 때면 내가 한 일을 직접 보려고 매일같이 연습했다. 말하면서 자기 말은 귀 기울이지 않고 내 말을 들은 남의 반응을 기다리다 보면 나중에 깜짝 놀랄 수도 있다. 자신의 말을 진지하게 들어보면 다른 사람이 무엇 때문에 그렇게 반응하는지 알 수 있다.

당신은 왜 남의 반응을 본 뒤에야 고치려 하는가. 말할 때 자신이 듣고 문제가 있으면 그 자리에서 수정하고, 무슨 일을 할 때 자신이 한 일을 보고 문제가 있으면 남이 뭐라고 할 때까지 기다리는 대신 바로 개선하는 편이 훨씬 낫다. 네덜란드에서 1년 동안 이런 방식으로 해보니 말과 행동에 더 주의할 수 있었다. 이것이 공자가 자장에게 가르친 내용이다. 말에 진심이 없고 신용이 없으며 행동이 성실하지 않고 경솔하면 고향에 있어도 행함이 통하지 않으므로, 어디에 있든 '언충신행독경' 여섯 글자를 잊지 말아야 한다. 가르침을 잊지 않기 위해 자장처럼 허리띠에 쓰는 노력이라도 하기 바란다.

형식과 실질의 어울림

자장은 매우 실용적인 사람이라 생활 속 구체적 행동에 대해 생각하는 일이 많았다. 하지만 그도 공자에게 실생활과 동떨어진 질문을 한 적이 있다. 《논어》〈위정편〉에 이 일화가 나온다.

자장이 "앞으로 열 세대 뒤의 제도를 지금 알 수 있습니까?"라고 묻자 공자가 대답했다. "상나라*도 하나라의 예법을 따랐으니 거기에서 더하거나 뺀 것을 알 수 있으며, 주나라도 상나라의 예법을 따랐으니 거기에서 더하거나 뺀 것을 알 수 있다. 이후 주나라를 계승한 나라가 있다면 백 세대가 지나도 그 예법을 가늠할 수 있다."

---

* 은나라라고 부르기도 함.

1세대가 30년이니 10세대는 300년을 가리키는데, 과연 300년 뒤의 일을 알 수 있을까? 공자는 인성은 모두 선을 향하기에 추측이 가능하다고 설명했다. 다만 이런 선을 표현하려면 예와 악, 각종 사회제도가 필요하다. 이 점을 파악하면 제도의 손익을 시대의 요구에 따라 조금씩 조정하면 된다. 예를 들어 예전에는 삼년상을 치르는 것이 규범으로 정해졌으나 지금은 이를 지키는 사람이 거의 없으며, 심하게 말해 한 명도 없다고 할 수 있다. 맹자 시대만 해도 삼년상을 치르는 경우가 드물었는데 지금은 오죽하겠는가. 삼년상을 치른다고 3년 동안 일을 하지 않으면 어떻게 먹고산단 말인가.

이처럼 예법은 시대에 따라 조정이나 개선이 필요하다. 외적인 규칙보다 마음가짐이 중요하지 않겠는가. 물론 외적인 규칙을 모두 무시할 수는 없다. 단순히 마음가짐을 따지다 보면 한쪽으로 치우칠 수 있기 때문이다. 예를 들어 도가에는 위진魏晉 시대에 죽림칠현竹林七賢*을 중심으로 한 신도가新道家가 나타났다. 그들은 물론 유가의 예법과 바른 가르침을 찬성하지 않았고, 규칙에 얽매여 진심이 없는 감정은 허위이자 기만이라고 생각했다.

죽림칠현 가운데 완적阮籍은 어머니가 돌아가셨을 때 보통 사람들처럼 효를 지키고 싶지 않아 평소와 같이 고기를 먹고 술을 마셨다. 사람들은 그를 불효자라며 손가락질했다. 하지만 어머니의 상여가 떠나

---

* 위나라와 진나라의 정권 교체기에 부패한 정치권력에 등 돌리고 대숲에 모여 거문고와 술을 즐기며 청담淸談으로 세월을 보낸 선비 일곱 명.

던 날, 완적은 피를 토하며 울었다. 그의 속마음은 어머니를 잃은 슬픔으로 가득했던 것이다. 물론 유가의 규범화된 예악에 반대한다고 굳이 반대로 행동하는 것도 좋게 볼 수는 없다.

외적 예의나 법률은 사람의 감정적 요구에 따라 정해진 것이다. 그러므로 외적인 예법에 무조건 반대하거나, 외적인 것만 지키겠다고 해서는 안 된다. 무엇보다 모든 외적 행동은 내면의 감정을 바탕으로 하며, 내면의 감정은 외적인 행동과 조화를 이뤄야 한다는 사실을 잊지 말아야 한다. 그래야 '형식과 실질이 잘 어울려야 군자라 할 수 있다'는 유가의 개념을 실현할 수 있다. 따라서 유가 사상을 배울 때는 평상심을 품어야 한다.

상대방의 입장에서 생각하다

자장은 질문이 많은 제자로, 주변의 사소한 일에도 공자에게 가르침을 청했다. 《논어》〈위령공편〉에 있는 일화를 보자.

한번은 한 음악 선생이 공자를 만나러 왔다. 공자가 그를 맞아 여기에는 계단이 몇 개 있다고 알려주더니(고대에는 음악 선생이 시각장애인인 경우가 많았다) 자리에 와서 먼저 앉기를 권했다. 또 그가 앉은 뒤에는 오른손 방향 첫 번째에 누가 있으며, 그 옆에 누가 있다고 일일이 소개했다. 눈 먼 음악 선생이 떠나자 자장이 공자에게 가르침을 청했다. "이것이 맹인과 이야기하는 방식입니까?" 이에 공자는 "그렇다. 이것이야말로 맹인과 이야기하는 방식이다"라고 답했다.

사실 자장이 알고 싶은 것은 눈이 보이지 않는 사람을 대하는 규칙이 있는가 하는 문제였다. 하지만 공자는 '공감共感'이란 단어로 답했다. 눈이 잘 보이는 사람은 눈이 보이지 않는 사람의 고통을 알지 못한다. 보통 시각장애인들은 지팡이를 짚거나 길을 다니는 훈련을 하지만, 앞에 계단이 얼마나 있는지 쉽게 가늠하지 못한다. 그러므로 당신이 공감한다면 눈이 잘 보이지 않는 사람에게 계단이 몇 개 있으며, 자리가 어디고, 곁에 누가 있다고 말해주는 것은 당연한 일이다. 시각장애인은 눈이 보이지 않지만, 대화를 통해 자기 자리가 어디인지, 누구와 이야기를 나누는지 알 수 있다.

공자의 공감은 다른 사람에게 일부러 잘해주거나 잘못하는 것이 아니라, 유가의 진심이 담긴 자연스러운 표현이다. 사소한 일로 가르침을 청한 자장의 모습에서 그의 됨됨이를 알 수 있다. 이 일화는 생활 속의 하찮은 일일지 모른다. 하지만 이를 통해 다른 사람 입장에서 그 마음을 헤아리는 유가의 사상을 이해할 수 있다. 흔히 '여심위서如心爲恕'*라고 말하는데, 여기 등장하는 '서恕'가 상대의 입장에서 생각하는 것이다. 그러므로 우리는 누구를 만나든 그 사람의 상황에서 생각해야 한다. 그런 면에서 작은 문제, 작은 곳, 작은 일조차 마음속에 새길 줄 아는 자장은 어려도 큰 뜻을 품은 사람이라 할 수 있다.

---

* 마음 가는 대로 용서하다.

인품을 높이고 미혹을 분별하다

자장의 깊은 생각은 때로 남들이 생각지도 못한 곳에서 드러났다. 《논어》〈안연편〉에 보면 이와 관련된 이야기가 실렸다.

자장이 인품을 높이고 미혹을 분별하는 일에 대해서 묻자, 공자가 말했다. "충신을 주로 하고 의를 따르는 것이 곧 인품을 높이는 것이다. 사랑하면 잘 살기를 바라고 미워하면 죽기를 바라거늘, 살기를 바라면서 동시에 죽기를 바라는 일이 미혹이다(子張問崇德辨惑. 子曰：主忠信, 徙義, 崇德也. 愛之欲其生, 惡之欲其死, 旣欲其生, 又欲其死, 是惑也)."

'숭덕崇德과 변혹辨惑'이란 나의 인품을 높이고, 미혹이 무엇인지 분별하는 것을 말한다. 여기에서 우리가 눈여겨봐야 할 것은 미혹을 분별하는 일이다.

공자는 마흔이면 아무것도 미혹되지 않는다고 했으나, 많은 사람이 '사십이면 불혹'이란 말이 무슨 뜻인지 제대로 알지 못하기 때문이다. 내가 아는 친구들만 해도 오히려 '사십이면 대혹大惑'이란 말을 한다. 이는 마흔 살 이전에 문제가 없다고 생각하던 것들이 막상 마흔이 되면 모두 문젯거리임을 깨닫기 때문이다.

요즘 사람들은 마흔 이전에 미혹에 빠질 일이 거의 없다. 부모가 하라는 대로, 선생님이 하라는 대로 따르면 별문제가 없기 때문이다. 사회생활을 시작한 뒤에도 일에 치이고 윗사람의 눈치를 보느라 뭔가에 미혹될 일이 거의 없다. 하지만 마흔이 되면 가정을 꾸려 자녀도 있고, 아이들이 공부할 때가 되면서 인생의 문제가 이해하기 어렵게 변해간다. 자장과 공자의 대화를 빌려 미혹을 분별하는 것이 무엇인지 정확히 알아보자.

숭덕과 변혹이 무엇이냐는 자장의 질문에 공자는 명확한 답변을 내놓았다.

첫째, '숭덕'이란 인품을 높이는 것으로 무슨 일이든 충신忠信을 바탕으로 반드시 할 일을 해야 한다. 다시 말해 자신에게 최선을 다하되 말에 신용이 있어야 하며, 스스로 진실해 맡은 일에 기꺼이 책임을 져야 한다. 친구에게도 약속을 지켜 말 한 마디, 행동 하나에 주의해야 한다. 이것이 인품을 높이는 일이다.

둘째, '변혹'이란 미혹을 분별하는 일로 어떤 사람을 좋아하면 그가 오래 살기를 바라지만, 미울 때는 빨리 죽기를 바라기도 한다. 이렇게 그 사람이 살기를 바라면서 한편으로 죽기를 바라는 심리가 미혹이다.

이 답변을 보면 공자가 사람의 정서적 반응을 얼마나 잘 아는지 새삼 깨닫는다. 이는 사람을 투철하게 이해하고 관찰하지 않으면 불가능한 일이다. 어찌 보면 공자는 격렬하고도 광적인 사랑을 다룬 로맨스 소설을 쓰듯이 사람의 심리를 분석했다. 보통 친구를 사귈 때 어떻게 상대가 살기를 바라면서 한편으로 죽기를 바라겠는가. 고대에는 남녀가 연애할 기회가 거의 없었으므로 공자가 말한 내용이 꼭 사랑에 관한 것이라고 단정할 수는 없다.

공자가 자장을 이렇게 가르친 데는 그럴 만한 이유가 있다. 자장은 공자보다 48년 뒤에 태어난 젊은이로, 공자는 노인이나 다름없었다. 나이 든 공자가 어린 제자를 위해 미혹의 의미를 설명하면서 그토록 생동감 있게 표현한 것은 세상 물정을 잘 알기도 하거니와, 젊은이의 고민이 무엇인지 알기 때문이다.

공자는 번지에게도 미혹에 대한 답을 준 적이 있다. 《논어》〈안연편〉에 이와 관련된 일화가 나온다.

> 번지가 공자를 따라 무우대 아래를 거닐다가 물었다. "감히 덕을 높이
> 는 일과 사악함을 다스리는 일, 미혹을 분별하는 일에 대해 여쭤도 되
> 겠습니까?" 이에 공자가 대답했다. "좋은 질문이구나! 먼저 일을 한 뒤
> 에 이득을 취하는 것이 덕을 높이는 일이 아니겠느냐. 자기 잘못을 지
> 적하고 남의 잘못을 공격하지 않는 것이 사악함을 다스리는 일이 아니
> 겠느냐. 잠시 분노해서 자신을 잊고 부모를 잊는 것이 미혹됨 아니겠
> 느냐(樊遲從遊於舞雩之下, 曰 : 敢問崇德, 修慝, 辨惑. 子曰 : 善哉問 先事後得, 非崇德與 攻其惡, 無攻人之
> 惡, 非修慝與 一朝之忿, 忘其身, 以及其親, 非惑與)."

번지의 질문은 '수특修慝'이란 단어를 빼면 자장의 질문과 큰 차이가 없다. 하지만 공자의 답은 확연히 다르다.

첫째, 어떻게 해야 인품을 높일 수 있을까? 공자는 먼저 어려운 일을 하고, 다음에 이득이 될 만한 일을 하라고 충고했다. 무슨 일을 하

든지 조건부터 보지 말고 할 일을 열심히 하면 성품을 점차 높일 수 있다는 의미다. 이는 비교적 실천하기 쉬운 일이다.

둘째, 어떻게 해야 사악한 생각을 바로잡을 수 있을까? 그러려면 자기 잘못을 비판하고 남의 잘못을 비판하지 않아야 한다. 다시 말해 자신을 반성할 때 다른 사람들에게 책망받지 않을 수 있다.

셋째, 어떻게 해야 미혹을 분별할 수 있을까? 공자는 한순간 분노로 자신의 안위를 잊고 부모의 안위조차 잊는 것이 미혹이라고 했다. 이는 분노의 결과가 얼마나 무서운지 알고 행동을 조심하라는 뜻이다. 리안李安 감독이 연출한 영화 〈헐크〉에서 남자 주인공은 화가 나면 원래보다 몇 배나 크고 사나운 초록 괴물로 변신한다. 분노가 불러 온 그의 힘은 한눈에 보기에도 무시무시하다.

공자가 번지에게 이렇게 말한 것은 매사에 조심하고 쉽게 화내지 않아, 자신이나 부모의 안위를 기억하게 하기 위함이다. 내가 화를 내는데 어째서 부모님까지 관련될까? 이를테면 당신이 화가 난 나머지 다른 사람을 해치고 도망가면 상대는 복수하려고 당신의 가족을 찾아갈 것이다. 공자가 자장에게 사랑과 미움의 감정이 지나쳐서는 안 된다고 한 말이나, 번지에게 분노의 감정이 넘쳐서는 안 된다고 한 말 모두 감정을 적당히 조절할 줄 알라는 의미다. 자장은 개인의 바람이나 상황을 직접적으로 겨냥한 질문을 통해 우리에게 많은 깨달음을 줬다. 이런 질문은 나중에 자장이 뜻을 세우는 데도 큰 도움이 됐다.

어찌해야 통달할 수 있을까

사람이 살다 보면 매사가 탄탄대로일 수 없는데 이는 자장도 마찬가지다. 자장은 이에 관한 문제를 공자에게 물었다.《논어》〈안연편〉에 이 일화가 있다.

> 자장이 "선비는 어떠해야 통달했다고 할 수 있습니까?"라고 묻자, 공자가 대답했다. "자네는 어찌해야 통달했다고 생각하는가?" 자장이 "제후의 나라에서 일해도 명성이 생기고, 대부의 식읍에서 일해도 명성이 생기는 것입니다"라고 답했다. 이에 공자가 말했다. "그것은 명성이 생기는 것이지 통달하는 것이 아닐세. 통달했다는 것은 진심이 있고 정직하며 정의를 좋아하고, 다른 사람의 말과 표정을 살피며, 항상 남에게 겸손하려고 생각하는 것이라네. 이렇게 하면 나라에서 일해도 통달하고, 대부의 식읍에서 일해도 통달할 수 있지. 명성이 있는 자는 겉으로 인을 좋아할 뿐, 행동은 그에 어긋나 자신이 인을 행한다는 것을 의심하지 않는다네. 이런 사람은 나라에서도 거짓된 명성을 얻고, 대부의 식읍에서도 거짓된 명성을 얻을 뿐일세."

어떻게 하면 통달할 수 있을까? 이는 자장뿐만 아니라 현대를 살아가는 우리의 문제다. 인생이 통달하면 그 앞날은 아무 장애물도 없을 것이기 때문이다. 공자는 자장의 질문에 바로 답을 주는 대신 그가 어떻게 생각하는지 반문했다. 이는 가르침의 뛰어난 기술로, 문제에 적합한 대답을 할 수 있는 사람은 질문한 본인이기 때문이다.

공자의 대답에서 알 수 있듯이, 진정으로 통달하려면 반드시 세 가지 일을 할 수 있어야 한다.

첫째, 본성이 성실하고 정직해서 할 일을 서둘러 해야 한다.

둘째, 상대의 말과 표정을 살필 줄 알아야 한다. 예를 들어 어르신이나 상사의 말과 표정을 제대로 살피지 못하면 말할 때 곤란해질 수 있다. 공자는 줄곧 말의 중요성을 강조했는데, 어른과 대화할 때 피해야할 점에 대해 이야기한 적도 있다. 말하지 말아야 할 때 말하는 조급증, 말해야 할 때 말하지 않는 은폐, 다른 사람의 표정을 살피지 않고말하는 눈치 없음이다. 상대의 말과 표정을 살필 줄 알면 무슨 일을 만나든 형통하고, 사람들의 환영을 받을 수 있다.

셋째, 언제나 상대를 겸손하게 대해야 한다. 겸손한 사람은 어디에서나 사랑받게 마련이다. 《역경》에 총 64괘가 나오는데, 육효六爻*가 모두 길한 괘는 '겸괘謙卦'뿐이다. 이처럼 겸손은 인생에서 가장 중요한덕목 중 하나다.

공자는 이 세 가지 일만 지키면 분명히 통달할 수 있다고 가르쳤다. 가장 경계해야 할 것은 자신이 옳다고 생각하면서 막상 해야 할 일은하지 않고, 무엇이 잘못된 줄도 모르는 경우다. 사람은 무엇보다 이런교만을 두려워해야 한다. 천주교에는 전통적으로 7대 죄악이란 개념

---

* 《역경》의 64괘를 구성하는 6개 효爻.

이 있는데, 그중 교만을 첫손에 꼽아 사람이 교만하면 죽을죄를 짓는 것과 같다고 생각한다.

사람은 어째서 교만하면 안 될까? 이는 사람이 본질적으로 항상 삶과 죽음 사이에 존재하기 때문이다. 교만한 사람은 자신이 누리는 모든 것을 으레 얻어야 할 것으로 여기며, 당연히 살아야 한다고 생각한다. 하지만 이는 환상에 불과하며, 사람은 어느 때든 죽음의 위협을 당할 수 있다. 서양에서는 사람이 교만하면 자신의 처지에 걸맞지 않는다고 여긴다. 특히 자신이 좋은 사람이라고 생각하면 죄를 짓기 시작하는 것이다. 이는 어느 정도 일리가 있는 생각이다. 우리는 종종 자신감과 포부를 가지라고 강조하지만, 그렇다고 교만해서는 안 된다. 교만한 사람은 자기중심적이기 때문에 다른 사람을 안중에 두지 않으며, 본인의 장점만 드러내려고 한다.

이런 인식은 유가에서도 마찬가지다. 이를테면 공자는 주공周公을 가장 존경했지만, 《논어》〈태백편〉에 보면 다음과 같이 말했다. "주공과 같은 재능이 있어 사람들의 칭송을 받아도 교만하고 인색하면 모든 덕행이나 재능이 볼 가치가 없다." 교만한 사람은 늘 다른 사람과 비교해서 '내가 너보다 낫다'고 생각하기 때문이다. 인색한 사람은 자신의 좋은 것을 남과 나누려고 하지 않는다. 그러므로 교만하고 인색한 사람은 아무리 재능이 뛰어나도 사람들에게 전혀 도움이 되지 않는다. 반면 나눌 줄 아는 사람은 기꺼이 나눔에 동참해 사회의 번영과 발전을 위해 자아를 실현한다. 주공을 존경하며 공자가 한 말과 서양에서 교만을 죄악이라고 한 데는 비슷한 의미가 있다.

사람은 저마다 장점이 있다. 당신이 이 분야에서 뛰어나면 상대는 저 분야에서 뛰어나게 마련이다. 그러므로 우리는 각자 장점을 살려 상대의 부족한 점을 채워주려고 노력해야 한다. 이렇게 서로 도울 때 사회가 번영할 수 있다. 자장은 공자의 말씀에서 얻은 깨달음으로 뒷날 뜻을 세우는 데 많은 도움을 받았다.

괴팍한 성품의 소유자

자장은 대인 관계가 좋은 편이 아니다. 《논어》〈자장편〉에 동료가 그를 비판하는 장면이 등장한다. 증자(曾參)는 "자장의 언행은 참으로 당당하구나! 하지만 그와 함께 인생의 바른길을 가기는 어렵겠다"고 했다. 자유는 "나의 벗 자장은 행함이 대단한 수준이지만, 인의 완벽한 경지에 이르지는 못했다"고 했다. 자유가 이렇게 말한 것은 서로 단련하고자 하는 뜻이었기에 막무가내식 비판은 아니다.

자장과 자하가 날카롭게 맞서는 장면이 《논어》에 자주 기록되었다. 자유가 제자들에게 청소나 손님 응대, 들고나는 예의만 가르친다고 자하를 비판한 적이 있지만, 《논어》〈자장편〉에 보면 자장도 자하를 지적한 일이 있다.

자하의 제자가 자장에게 친구를 사귀는 도에 대해 가르침을 청하자, 의아하게 여긴 자장이 그에게 되물었다. "자하는 뭐라고 하더냐?" 그 제자는 "사귈 만한 가치가 있는 친구는 사귀고, 사귈 만한 가치가 없는 친구는 거절하라"고 했다고 대답했다. 자하의 이런 대답은 편협하다는 인상을 주기 쉽다. 사귈 만하면 사귀고 사귈 가치가 없으면 멀리하라니, 자하의 가르침은 누가 봐도 지나치게 조심스러웠다.

이에 자장이 말했다. "내가 듣던 것과 다른 이야기로구나. 군자는 재덕才德이 뛰어난 사람을 존중하되 보통 사람도 받아들이며, 선을 행하는 사람을 칭찬하되 선을 행하지 않는 사람도 동정한다고 했다. 내가 재덕이 뛰어나다면 어찌 다른 사람을 받아들이지 않겠느냐? 또 내가 재덕이 뛰어나지 않다면 다른 사람이 나를 거절할 텐데, 내가 무엇을 믿고 다른 사람을 거절하겠느냐?"

자하가 이 이야기를 들었다면 '내 제자가 질문했는데 어찌 나를 비판할 수 있단 말인가' 생각하며 불쾌했을 것이다. 이런 몇 가지 일화만 봐도 자장은 대인 관계가 좋은 편이 아니었다. 공자도 자장을 '사야벽師也辟'(사師는 자장의 원래 이름)이라고 말했는데, 여기에서 '벽辟'은 '고고하다, 괴팍하다'는 뜻이다. 자장은 나이는 어려도 꽤 괴팍한 사람이었나 보다.

좋은 정치에 대하여 묻다

자장은 지향하는 바가 원대했지만 그 목적은 정치였으며, 이를 통해 백성을 이롭게 하고 싶었다. 《논어》〈요왈편堯曰篇〉에 자장이 정치의 도에 대해 가르침을 구한 일화가 나온다. 자장이 어떻게 해야 정치를 잘할 수 있느냐고 묻자, 공자가 "다섯 가지 미덕을 따르고 네 가지 악행을 물리쳐라"라고 대답했다. 다섯 가지 미덕을 따른다는 것은 어떤 의미일까?

첫째, 혜이불비惠而不費라. 백성에게 은혜를 베풀면서도 쓸데없는 낭비는 하지 말아야 한다. 그러려면 백성에게 이로운 일을 하면 된다.

둘째, 노이불원勞而不怨이라. 백성에게 일을 시키되 원망을 들어선 안 된다. 그러려면 백성에게 적합한 일을 선택해서 하도록 시켜야 한다. 이 경우 백성은 몸이 힘들어도 별다른 원망을 하지 않는다.

셋째, 욕이불탐欲而不貪이라. 바라면서도 지나치게 욕심을 부리면 안 된다. 여기서 바라는 대상은 인으로 좋은 일을 하는 것을 말한다. 좋은 일을 하는 데는 두 가지 방식이 있는데, 하나는 나를 중심으로 하는 것으로 좋은 일이 자신에게 유리하길 바란다. 다른 하나는 자신을 중심으로 하지 않는 것으로, 나 중심의 욕망에서 타인 중심의 욕망으로 한 단계 나가는 것이다. 보통 어릴 때는 세상 돌아가는 이치를 잘 모르기 때문에 나를 위주로 생각하고, 나만 좋으면 남이야 어떻든 상관하지 않는다. 하지만 나이를 먹으면 서서히 타인을 중심으로 한 욕망을 품는다. 이를테면 나라가 평안하고 사람들이 안정을 찾고 사회가 조화롭기를 바란다. 이런 욕망은 올바른 것으로 바람이 있어도 지나치게 욕심 부리지 않는다.

넷째, 태이불교泰而不驕라. 정중하면서도 남을 얕보지 말아야 한다. 숫자가 많다고 적은 사람을 얕보지 않는 사람은 권력으로 백성을 억압

하려 하지 않는다.

다섯째, 위이불맹威而不猛이라. 벼슬자리를 할 때 요구함에 신중하면서도 일할 때 분수를 알아 백성이 억압을 느끼지 않게 하고 스스로 정중한 모습을 지켜야 한다. 그러면 자연히 많은 사람들의 존중을 받을 수 있다.

이 다섯 가지 미덕을 따르면 정치하는 일도 아무런 문제가 없다. 이 가르침을 통해 우리가 되새겨야 할 점은 언제나 백성의 입장에서 배려하고 생각하라는 것이다. 예를 들어 내가 어느 팀의 담당자라면 구성원 한 사람 한 사람의 입장에서 생각하고, 무슨 일을 하든지 모든 구성원의 바람에 따라 행동하면 자연스럽게 공동의 목표가 생겨 함께 노력할 수 있다.

그렇다면 네 가지 악행은 무엇일까?

첫째, 불교이살위지학不教而殺謂之虐이라. 백성에게 무엇을 하지 말라고 가르쳐주지도 않은 채 잘못을 저질렀다며 죽이는 것으로 이는 학정이다.

둘째, 불계시성위지폭不戒視成謂之暴이라. 규정이 어떻다고 계도하지도 않은 채 성과를 바라는 것으로 이는 폭정이다.

셋째, 만령치기위지적慢令致期謂之賊이라. 명령은 천천히 하고 갑자기 성과를 보려 하는 것으로 이는 백성의 마음을 상하게 한다.

넷째, 유지여인야, 출납지인위지유사猶之與人也, 出納之吝謂之有司라. 어차피 줄 거면서 씀씀이에 인색한 것으로 이는 백성을 곤란하게 한다.

이처럼 다섯 가지 미덕을 따르고 네 가지 악행을 물리치면 좋은 정치를 할 수 있다. 제자가 정치에 대해 물었을 때 공자가 이토록 상세히 답변을 해준 적이 한 번도 없다. 자장의 질문에 공자가 완벽한 대답을 들려준 것을 보면 자장에 대한 기대가 높았음을 알 수 있다.

지혜의 성장에는 한계가 없다

자장은 공자가 말년에 거둔 제자로, 그는 기회가 있을 때마다 스승 곁에서 다양한 가르침을 구했다. 하지만 공자는 자장에게 거만하지 않도록 경계하라고 타일렀다. 실제로 공자가 말한 '과유불급'에서 지나치다는 의미의 '과'가 자장을, 부족하다는 의미의 '불급'이 자하를 가리킨다. 자장은 언행이 급진적이고, 자하는 보수적이기 때문이다. 자장은 스스로 무슨 일이든 할 수 있다고 생각했다. 그는 이상이 매우 높고 질문도 수준이 있어 공자가 자세히 생각해본 뒤에야 답해줄 수 있었다. 그의 질문은 우리에게 어려서부터 뜻을 정하고 원대한 포부를 품어 노력하며 나가라는 자극제가 된다.

공자는 정치에 대해 묻는 자장에게 "관직에 있다고 태만하지 말고 정무를 집행하는 데 충성을 다하라"고 한 적이 있다. 이 말은 우리가 뜻을 세우는 데도 보탬이 될 만한 명언이다. 이는 《역경》에 나오는 "하늘의 운행은 굳건하니 군자는 이를 본받아 스스로 강해지도록 쉼 없이 노력해야 한다(天行健, 君子以自强不息)"는 괘사인 건괘乾卦와, "땅의 기세는 두텁고 온순하니 군자는 이를 본받아 두터운 미덕으로 만물을 담아내야 한다(地勢坤, 君子以厚德載物)"는 괘사인 곤괘坤卦와 흡사한 의미다. 날마다 평상심을 유지하고 꾸준히 노력하다 보면 우리의 지혜도 천천히 성장할 수 있을 것이다. 무엇보다 이런 지혜의 성장에는 한계가 없음을 기억하라.

우리는 자장에게서 뜻을 세우는 일에 대해 배웠다. 그는 공자에게 다양한 가르침을 구했으며, 우리는 이를 통해 사람의 성품과 인생 계획, 삶의 발전 방향까지 많은 깨달음을 얻었다. 자장을 본받아 서로 격려하면 함께 발전할 수 있다.

| 강 연 문 답 |

질문

푸 교수님, 안녕하십니까? 공자가 가장 마음에 들어 한 제자는 누구일까요?

푸페이룽

공자가 가장 마음에 들어 한 제자는 당연히 안회라고 생각합니다. '사과십철四科十哲' 가운데 안회는 덕행과에서 첫손에 꼽혔죠. 노애공이 수많은 제자 중 배우기를 가장 즐기는 제자가 누구냐고 물었을 때도 공자는 주저 없이 그런 제자는 안회뿐이라고 대답하지 않았습니까? 덕행이 뛰어나고 배우기를 좋아한 점을 고려할 때 공자의 1등 제자는 분명 안회라고 봅니다.

질문

푸 교수님, 자공의 일생을 어떻게 평가하십니까? 그의 평생에 가장 뛰어난 점은 무엇입니까?

푸페이룽

저는 정말 자공이 대단하다고 생각합니다. 공자의 무덤 근처에 '자공로묘처'라고 새겨진 비석을 보고 스승을 향한 그의 존경과 사랑이 충분히 느껴졌기 때문이죠. 하지만 자공은 스승과 제자 사이의 감정에 머물지 않았습니다. 그는 누구보다 공자 사상의 핵심을 잘 이해했으니까요. 공자는 한 나라의 예를 보면 그 나라의 정치를 알 수 있고, 한 나라의 음악을 들으면 그 나라의 덕이 어떤지 알 수 있다고 했는데, 자공은 예악에 대한 공자의 견해를 그대로 계승했습니다. 또 그는 공자를 도와 《시경》과 《서경》을 편찬하고, 예악을 정리했으며, 《주역》을 전파했고, 《춘추》를 집필했습니다.

자공을 보면 그의 뛰어난 입담이나 똑똑한 머리가 부러운데요, 그는 이런 재능을 바탕으로 큰돈도 벌었죠. 돈을 많이 번 자공은 사람들에게 도움이 되는 일과 반드시 해야 할 일을 할 수 있었습니다. 이 점이 우리가 가장 부러워할 만한 일입니다. 하지만 이런 일은 비교적 쉽게 따라 할 수 있습니다. 반면 안회 같은 사람은 아무리 열심히 따라 하려고 해도 그 수준에 이르기 어렵지요. 게다가 그는 불행하게도 이른 나이에 세상을 떠나지 않았습니까? 이 점은 배우지 않는 게 좋겠죠?(웃음)

자공이 본보기로 삼을 인물이라면, 재아는 반면교사로 삼을 만한 사람입니다. 우리는 그와 같은 잘못을 저지르지 않도록 참고할 수 있겠지요. 공자도 "현명한 사람을 보면 그와 같아지기를 바라고, 현명하지 못한 사람을 보면 자신에게 그런 결점이 없는지 반성하라"고 가르쳤습니다. 저는 자공을 높이 평가합니다. 사마천도 공자의 명성이 천하에 알려진 데는 자공의 공로가 가장 크다고 말했습니다.

질문

푸 교수님, 안녕하십니까? 저는 산둥대학에서 온 학생인데, 두 가지 질문을 하고 싶습니다. 첫째, 유가 사상이 현대사회에 어떤 영향을 미칠 수 있는지 간단히 말씀해주십시오. 둘째, 우리는 학생으로서 유가를 어떤 방식으로 배워야 할까요?

푸페이룽

우선 유가 사상이 현대사회에 미치는 영향에 대해 이야기해보죠. 오늘날 중국의 국학은 붐이라고 할 정도로 주목받고 있습니다. 이것은 일시적인 현상이 아니라 중국 사회 특유의 현상이라 할 만합니다. 저는 이 말을 자주 쓰는데, 문화에 대한 일종의 향수라고 할까요? 다만 우리가 그리는 문화는 기물器物이나 제도의 단계가 아니라 이념의 단계라고 할 수 있습니다. 물론 문화는 기물과 제도, 이념이 어우러져야 합니다. 그렇다고 공자의 마차를 좋아하는 사람은 없지 않습니까? 실제로 누가 공자의 마차의 준다고 해도 저는 탈 생각이 없습니다. 기물의 단계는 한참 지나간 과거로 부러워하는 사람이 없지요.

제도의 단계는 어떨까요? 중국은 고대에 봉건사회였는데 이런 사회를 좋아할 사람이 있겠습니까? 소수 귀족이 권력을 세습하고, 다수 백성이 고통에 시달렸으며, 열심히 공부한다고 해서 기회가 보장되지도 않는 시대였어요. 오늘날 우리가 유가를 배우고자 하는 것은 기물이나 제도를 좋아해서가 아닙니다. 그것들은 과거로 지나갔고 도태됐습니다. 대신 우리가 진정으로 배워야 할 것은 이념이지요.

그렇다면 이념이란 무엇일까요? 사람이 살아갈 때 어떤 생각을 하는지, 어떤 가치관이 있는지, 다른 사람과 관계를 맺을 때 감정을 중시하는지 재물을 중시하는지…… 이런 생각을 이념이라고 합니다. 공자의 제자들도 저마다 다른 이념으로 독특함을 뽐냈죠. 이를테면 안회는 즐거움, 자로는 솔직함, 재아는 변론 능력, 자공은 언변, 염옹은 덕행, 자유는 도량 등이 눈에 띄는 인물입니다. 그들 모두 처세에 특별한 재능이 있습니다. 그들의 실천을 통해 드러난 이념이야말로 우리가 배워야 할 점이지요.

저는 인성은 선을 향하기에, 진실하면 내면의 힘이 솟아나 믿는 일을 하게 된다고 종종 이야기합니다. 이처럼 저의 즐거움은 안에서 솟아나는 것입니다. 어째서 유가를 배우면 즐거울 수 있을까요? 내가 하는 일은 모두 스스로 하겠다고 마음먹었기 때문입니다. 다른 사람이 시켜서 하는 일이라면 내가 해도 다른 사람이 기쁘겠지요. 하지만 저는 지금 제가 하고 싶은 일을 합니다. 누가 시켜서 하는 것이 아니라 제가 좋아서 하니 제 안에서 즐거움이 생겨납니다. 외적으로 가난하든 부유하든 우리는 삶의 가치가 내면에 있다는 사실을 느낄 수 있죠. 우리가 유가를 배우는 것도 이 때문입니다.

다음으로 대학생은 어떻게 유가를 배워야 할까요? 대학생은 유가를 배울 때 반드시 원전原典에 충실하게 공부해야 합니다. 대학생은 전문적인 교수님의 가르침을 받는 데다, 좋은 도서관이 있으니 유가를 배울 때 굉장히 큰 도움을 받을 수 있습니다. 이 시기에 원전을 깊이 공부하지 않고 사회에 나와서 배우려 하면 다른 사람이 쓴 유가 관련 감상서를 몇 권 읽는 게 고작일 테지요.

그러니 대학생 때 유가의 원전을 열심히 읽어 4년 동안 유가와 도가의 주요 경전을 철저히 파악하는 것이 좋습니다. 유가는 잘 배워두면 평생 동안 쓸모가 있답니다. 대학생이 사회에 나가면 인텔리가 되고, 인텔리는 어느 직장에서나 동료들에게 다양한 사상의 자료를 제공할 수 있기 때문입니다.

질문

푸 교수님, 안녕하세요! 저는 두 가지 문제를 여쭤보려고 합니다. 첫 번째 문제는 교수님께서도 첸무錢穆* 선생님의 《논어신해論語新解》와 린 위탕林語堂** 선생님이 유머러스하게 해석한 공자 이야기를 보셨죠? 교수님이 생각하시기에 공자는 대체 어떤 사람인가요?

두 번째 문제는 제가 기억하기로 《논어》에는 '감위천하선敢爲天下先'*** 이란 구절이 있고, 노자老子의 《도덕경道德經》에는 '아유삼보, 일왈자, 이왈검, 삼왈불감위천하선我有三寶, 一曰慈, 二曰儉, 三曰不敢爲天下先'**** 이란 구절이 있습니다. 저희는 학생으로서 또 젊은이로서 일상생활에서 입세 入世와 출세出世의 관계를 어떻게 정리해야 합니까? 이를테면 자신을 완벽하게 수양하면서 인간관계를 잘 유지할 방법이 있을까요?

푸페이룽

굉장히 좋은 질문이군요. 공자에 대해 간단히 소개해달라면 저는 공

---

* 1895~1990. 중국의 역사학자로 주자학 연구에 전념해 '국학대사'라 불렸다.
** 1895~1976. 중국의 소설가이자 문명 비평가이며 언어학자.
*** '과감히 남보다 앞장서다'라는 뜻으로, 최근에는 창의적이고 앞서가는 기업을 일컫기도 한다.
**** 내게는 세 가지 보물이 있는데 첫째는 자비로운 마음이요, 둘째는 검소함이며, 셋째는 감히 남보다 앞장서려 하지 않는 마음이다.

자가 하늘의 뜻에 순응하고, 자신의 처지에 만족할 줄 아는 사람이라고 말하고 싶습니다. 첸무 선생님은 공자에 대해 인성이 선을 향한다고 두 번 정도 언급한 적은 있지만, 논리적 근거를 들어 설명하진 않았지요. 하지만 저는 인성이 선을 향한다는 개념에 대해 충분한 자료를 근거로 여러 번 설명했습니다. 이 점이 첸무 선생님과 저의 다른 점이라고 할 수 있겠네요.

린위탕 선생님은 공자에 대해 굉장히 유머러스하게 접근하셨죠. 특히 공자가 남자를 만난 장면은 매우 생동감 있게 표현되었습니다. 하지만 선생님의 상상력이 많이 발휘됐답니다. 물론 공자는 기본적으로 유머가 있는 사람입니다. 뿐만 아니라 공자는 평생 성실하게 살았지요. 공자가 "나는 젊어서 비천했기에 천한 일을 많이 해본 것일세"라고 이야기한 것처럼 그는 지극히 평범한 젊은 시절을 보냈음에도 끊임없이 노력해서 '오경육예'에 능통한 인물이 됐고, 천하의 인재를 불러 모아 안회부터 육예에 정통한 72명 등 수많은 제자를 양성했습니다. 이런 과정을 통해 그는 한 나라의 지도자가 된 것보다 훨씬 큰 성취감을 맛보았을 겁니다. 그러므로 공자는 평생 즐겁고 충실하게 살았다고 할 수 있습니다. 공자를 단순히 '상갓집 개'라고 묘사할 수 없는 것은 분명합니다.

젊은이로서 유가를 배우는 일에 대해 이야기하면, 우선 《논어》에는 '감위천하선'이란 말이 등장하지 않습니다. 다른 사람이 공자를 묘사할 때 '지기불가이위지知其不可而爲之'라고 한 적은 있죠. 또 '불감위천하선'은 도가의 말입니다.

여기에서 공자와 장자를 비교해보면 어떨까 싶어요. 《논어》에는 '지기불가이위지'란 구절이 있고, 《장자》에는 '지기불가내하이안지약명知其不可奈何而安之若命'이란 구절이 있기 때문입니다. 두 구절은 비교할 때 다른 의미가 확연히 드러납니다. 우선 '지기불가이위지'란 스스로 이상을 실현할 수 없음을 알면서도 하려고 한다는 뜻입니다. 왜 그럴까요? 이는 천명으로 내게 주어졌기 때문에 마음대로 벗어날 수 없는 겁니다.

장자는 이와 달리 '지기불가내하이안지약명', 즉 스스로 어떻게 할 수 없음을 알고 안심하며 내 운명을 받아들인다고 했습니다. 강요하거나 운명에 맞서지 않겠다는 뜻이지요. 이 둘은 같은 현상에 대한 전혀 다른 생각입니다.

아직 어린 학생들은 조급하게 생각하지 말고 유가를 위주로 공부하되, 대학에 있는 도가 강의를 선택해서 들으면 됩니다. 물론 수업을 듣는다고 도가를 다 이해할 수 있는 것은 아닙니다. 도가는 이해하려면 일종의 지혜, 다시 말해 문턱을 넘는 능력이 필요합니다. 도가에는 이처럼 문턱이 있지만, 유가는 수행을 중시하기 때문에 문턱이 없습니다. 누구든 원하면 자신을 수양할 수 있죠. 그러므로 유가를 소개하면 듣는 사람마다 나름의 깨달음이나 수확이 있게 마련입니다.

도가는 지혜라고 부르는 문턱을 넘어서지 못하면 밖에 있을 수밖에 없습니다. 문턱 밖에 있는 사람은 도가에 대해 겉핥기로 몇 마디 할 뿐, 진정한 본질이 무엇인지 말할 수 없습니다. 보통 도가를 배우고 30~40년은 지나야 그 본질을 어느 정도 이해할 수 있지요. 저도 대학에 다닐 때 《노자》와 《장자》에 관련된 강의를 들었는데, 무슨 말인지 제대로 이해하지 못했답니다. 강의를 듣고 나서 '노자나 장자처럼 산다면 세상이 무슨 의미가 있지?' 생각하며 웃은 기억이 납니다.

노자가 "아는 사람은 말하지 않고, 말하는 사람은 알지 못한다"고 한 말을 예로 들어볼까요? 도가 강의 시간에 교수님은 말을 할까요, 하지 않을까요? 분명 말을 합니다. 그렇다면 교수님은 알지 못하는 건가요? 지금 도가를 공부한다면 일종의 지식으로 삼고, 지나치게 많이 생각하지 않는 것이 좋습니다. 실제로 도가를 이해했다고 당장 좋은 점은 없답니다.

예를 들어 도가의 사상을 깨달았다면 계속 공부하고 싶은 마음이 들겠습니까? 대학을 졸업하든 못 하든, 취직을 하든 못 하든 큰 문제가 되지 않을 테니까요. 도가의 영향이 커지면 사람의 정서에 부정적 영향을 미칠 수도 있습니다. 이는 아주 무서운 일인데, 그렇다고 도가 사상이 꼭 부정적인 것은 아닙니다. 도가가 부정적이지 않다는 점은 오랜 시간이 걸려야 명확히 이야기할 수 있습니다. 도가의 지혜는 전체를 봐야 하는데, 세상을 잠깐 살고 그 진가를 알 수 없으니까요. 도가를 제대로 이해하려면 나이를 많이 먹은 다음 인생 전체를 놓고 봐야 합니다.

질문

푸 교수님, 안녕하세요. 제가 느끼기에 교수님이 말씀하신 유가는 두 가지 핵심 사상이 있는 것 같아요. 하나는 '인'이고 다른 하나는 '예'로, 특히 '인'은 진실한 감정을 말하지 않습니까? 그렇다면 교수님이 말씀하신 진실한 감정은 원전에서 그 근거를 찾을 수 있나요? 어떻게 추론하신 건지요?

두 번째 질문은 학교 도가 강의에서 저희 교수님이 "내적으로 도가의 성향을 갖추되, 외적으로 유가의 체계나 제도를 따라야 한다"고 하셨습니다. 하지만 푸 교수님의 말씀을 들으니 유가는 독립된 체계가 있는 것처럼 느껴집니다. 안팎으로 모두 하나의 체계죠. 그렇다면 유가와 도가의 사상 문화를 전승하는 과정에서 유가가 먼저인가요, 도가가 먼저인가요? 두 사상 사이에는 아무 관계가 없나요?

푸페이룽

우선 첫 번째 문제에 답을 하죠. 어떻게 인이 진실한 감정을 가리킨다고 말할 수 있을까요? 간단하게 《논어》〈학이편〉에서 공자가 "그럴듯하게 꾸며서 말하고 친절한 표정을 짓는 사람 중에 인이 있는 사람이 드물다"고 했습니다. 인이란 무엇일까요? 말이나 표정에서 알 수 있는 것은 지극히 표면적인 친절입니다. 이런 사람 중에 인이 있는 사람이 드물다면 내적인 인이야말로 진실한 감정이라고 할 수 있겠죠. 하지만 공자는 드물다고 했지 전혀 없다고 하지 않았습니다. 다시 말해 그럴듯하게 꾸며서 말하고 친절한 표정을 지어도 진실한 감정이 있다면 아무 문제가 없다는 것이 공자의 사상입니다.

제게 인이 무엇이냐고 묻는다면, 진실한 감정이란 그저 첫 단계라고 말씀드리겠습니다. 진정한 인은 세 단계로 구분할 수 있는데 여기서 자세히 말씀드리기 어려우니 간단하게 설명하지요. 사람의 성품은 선을 향하고, 사람의 도는 선을 선택하며, 사람의 실천은 선에 이르러야 합니다. 인의仁義의 '인'은 선을 향하고, 선을 선택하며, 선에 이르는 사람의 성품과 도, 실천이 어우러져야 합니다. 그런 의미에서 진실한 감정이란 하나의 단계 혹은 출발점에 불과하답니다.

두 번째 문제인 '내도외유內道外儒'에 대해 말씀드리면 일단 노자가 공자보다 한 세대, 즉 서른 살 정도 많습니다. 실제로 공자가 노자에게 예에 대해 물은 적도 있고, 노자가 많은 교훈을 줬다고 하지요. 하지만 두 학파의 사상은 다릅니다. 유가와 도가가 흥성한 춘추시대는 혼란기로, 이런 혼란기의 위기는 허무주의로 얘기할 수 있습니다.

허무주의는 두 가지로 나눌 수 있는데요. 첫째, 가치관적 허무주의입니다. 이 경우 선악이 구분되지 않아 좋은 일을 해도 보답이 없고, 나쁜 일을 해도 그만한 대가를 치르지 않습니다. 그렇다면 무엇 때문에 좋은 일을 하겠습니까? 이를 가치관적 허무주의라고 하는데, 사람에게 매우 위험한 사상이라고 할 수 있습니다. 이런 허무주의가 나타나면 누가 좋은 일을 하려고 하겠습니까?

둘째, 존재론적 허무주의로 좀더 심각하죠. 이를테면 '이처럼 고생스러운데 계속 살아서 뭐 하나?'라는 생각이 들게 하니까요. 존재론적 허무주의 관점에서 보면 삶과 죽음은 결국 똑같습니다. 당시 공자가 맞닥뜨린 허무주의는 가치관적 허무주의인데, 유가는 백성이 선악을 구별하지 못해 어떻게 살아야 할지 모르는 상황을 두고 볼 수 없었습니다. 그래서 공자가 내놓은 개념이 선을 행할 때는 진심에서 시작해야 하며, 인성은 선을 향한다는 것입니다. 사람은 자신을 위해 스스로 행해야 할 선을 실천해야죠. 이것이 유가가 가치관적 허무주의를 해결하기 위해 내놓은 해결법입니다.

하지만 도가는 유가의 이런 실천 방안이 탐탁지 않았습니다. 힘들고 성과가 적을뿐더러, 특별한 효과도 없다고 여겼기 때문입니다. 그래서 도가는 존재론적 허무주의에 대응하고자 했지요. 여기에서 도란 무엇이냐고 묻는다면 어떻게 대답하실 건가요?

그에 앞서 기억할 점이 있어요. 도는 자연계가 아니며, 인류도 아닙니다. 두 가지를 확실히 이해했다면 일단 도가에 입문했다고 할 수 있습니다. 두 가지 사실을 이해하지 못한다면 도가에 대해 논할 자격이 없습니다. 그렇다면 도는 무엇일까요? 도는 자연계와 인류의 근원입니다. 도는 절대적 진실이자 최후의 진실입니다. 최후의 진실이 있다면 얼마든지 존재론적 허무주의에 맞설 수 있겠죠. 그래서 도가를 제대로 배우면 자신의 생명은 찰나에 사라지며, 인간에게는 삶과 죽음이 있지만 그 뒤에 도가 있기에 큰 두려움을 느끼지 않습니다. 도가 없다면 대체 무엇을 믿고 살 수 있겠습니까? 바로 이 점이 도가의 뛰어난 부분입니다.

교수님들이 도가를 어떻게 가르치는지 제가 잘 모르니 굳이 비판하고 싶지는 않습니다. 도가를 어떻게 이해하는가는 각자의 문제겠죠. 어쨌든 유가와 도가는 같은 시대적 문제에 직면했으나, 이를 보는 시각과 해결하고자 하는 문제가 달랐습니다. 하나는 가치관적 측면에서, 다른 하나는 존재론적 측면에서 허무주의를 해결하려고 시도했으니까요. 이 문제를 자세히 설명하려면 지나치게 철학적으로 흐를 수 있으니 이 정도로 줄이겠습니다.*

---

*이 강연 문답은 산둥위성TV에서 방송한 〈신행단〉의 내용을 정리한 것임.

내 삶을 내 것으로 만드는 것들

1판 1쇄 인쇄 2016년 1월 27일
1판 1쇄 발행 2016년 2월 4일

지은이 푸페이룽
옮긴이 정세경
펴낸이 고영수

경영기획 고병욱 **책임편집** 김진희 **디자인** 공희, 진미나
마케팅 이일권, 김재욱, 이미미, 김영범 **제작** 김기창
총무 문준기, 노재경, 송민진 **관리** 주동은, 조재언, 신현민

펴낸곳 추수밭
등록 제2005-000325호
주소 135-816 서울시 강남구 도산대로 38길 11(논현동 63)
    413-120 경기도 파주시 회동길 173(문발동 518-6) 청림아트스페이스
전화 02)546-4341 **팩스** 02)546-8053

www.chungrim.com
cr2@chungrim.com

ⓒ푸페이룽, 2016

ISBN 979-11-5540-043-2 (03320)
값 13,000원